新能源汽车充电技术

组　编　北京百通科信机械设备有限公司
主　编　王　博　吴书龙
副主编　胡克晓　吴　珊　蒋欣宸
参　编　苏方绪　习　璐　房宏威　李　勤　段卫洁　张斌全
主　审　邸玉峰

机械工业出版社

本书是新能源汽车技术专业"岗课赛证"综合育人系列教材，按照新能源汽车装调与测试职业技能等级证书、全国职业院校技能大赛新能源汽车检测与维修赛项、汽车技术赛项内容以及 GB/T 34657.2—2017、GB/T 18487.1—2015 等国标要求和相关企业标准编写，主要内容包括新能源汽车充电技术的认知、充电系统的装调与测试、充电系统的性能测试、充电系统的故障检修 4 个项目，计 6 个学习情境、13 个任务。

本书将专业课程内容与素质教育内容相融合，以培养学生精湛的专业技能、精益求精的大国工匠精神。本书为校企"双元"合作开发教材，借助"互联网+"及信息技术，使教材内容呈现立体化、可视化、数字化，能够满足"人人皆学、处处能学、时时可学"的学习需要，为学习者提供"能学、助教、助训、助考"的课程资源。

本书可作为职业院校新能源汽车技术、智能网联汽车技术等专业的教学用书，也可作为新能源汽车装调与测试职业技能等级证书考证用书，还可供从事新能源汽车装调测试、性能测试、故障维修工作的工程技术人员参考。

为方便教学，本书配有电子课件、电子教案、学习任务单及答案等资源。凡选用本书作为授课教材的教师均可登录 www.cmpedu.com，以教师身份注册后免费下载，或咨询电话：010-88379201。

图书在版编目（CIP）数据

新能源汽车充电技术 / 王博，吴书龙主编. — 北京：机械工业出版社，2022.8（2024.1重印）
ISBN 978-7-111-71344-9

Ⅰ.①新⋯ Ⅱ.①王⋯ ②吴⋯ Ⅲ.①新能源 – 汽车 – 充电 – 高等职业教育 – 教材 Ⅳ.①U469.72

中国版本图书馆CIP数据核字（2022）第138819号

机械工业出版社（北京市百万庄大街22号 邮政编码100037）
策划编辑：师 哲 责任编辑：师 哲 张双国
责任校对：陈 越 贾立萍 封面设计：张 静
责任印制：单爱军
北京华联印刷有限公司印刷
2024 年 1 月第 1 版第 3 次印刷
210mm×285mm·12 印张·276 千字
标准书号：ISBN 978-7-111-71344-9
定价：54.00 元

电话服务	网络服务
客服电话：010-88361066	机 工 官 网：www.cmpbook.com
010-88379833	机 工 官 博：weibo.com/cmp1952
010-68326294	金 书 网：www.golden-book.com
封底无防伪标均为盗版	机工教育服务网：www.cmpedu.com

职业教育新能源汽车技术专业系列教材编审委员会

主　任　吴书龙　戴景岩
副主任　张　萌　邸玉峰
委　员　苏　忆　毕丽丽　程玉光　陈　静　高　武　郭化超
　　　　　龚文资　李志军　黄维娜　牛　伟　郑军武　谭　婷
　　　　　袁　牧　杨效军　王　斌　宋广辉　张凤娇　王　博
　　　　　杨永志　王桂成　薛庆文　吕世敏　马　鑫

前言 PREFACE

2020年11月国务院印发的《新能源汽车产业发展规划（2021—2035年）》中指出，以习近平新时代中国特色社会主义思想为指引，坚持创新、协调、绿色、开放、共享的发展理念，以深化供给侧结构性改革为主线，坚持电动化、网联化、智能化发展方向，深入实施发展新能源汽车国家战略，以融合创新为重点，突破关键核心技术，提升产业基础能力，构建新型产业生态，完善基础设施体系，优化产业发展环境，推动我国新能源汽车产业高质量可持续发展，加快建设汽车强国。2021年我国新能源汽车产业表现"亮眼"，产销双双突破350万辆，分别达到了354.5万辆和352.1万辆，同比均增长1.6倍，连续7年位居全球第一，累计销售量已超过900万辆。为满足行业对新能源汽车技术、智能网联汽车技术等专业人才的需求，促进高职院校汽车专业"岗课赛证"综合育人教学改革，编者组织了相关学校教师和企业专家，结合其多年的教学经验和实践基础编写了本书。本书的主要特色如下：

1）本书探索在"岗课赛证"综合育人机制下的教材改革与创新，按照新能源汽车装调与测试职业技能等级证书、全国职业院校技能大赛汽车技术赛项和新能源汽车检测与维修赛项内容以及最新的专业教学标准要求和相关企业岗位标准编写。

2）本书为校企合作开发教材，立足先进的职业教育理念，紧跟新能源汽车产业的发展步伐，及时反映产业升级和行业发展需求，体现新知识、新技术、新工艺、新方法和新材料。

3）贯彻落实党的二十大精神，用社会主义核心价值观铸魂育人。落实立德树人根本任务，注重专业课程内容与素质教育相结合，将培养学生精益求精的大国工匠精神、激发学生科技报国的家国情怀和使命担当渗透课程实施全过程。

4）按照工作手册式教材打造，借助"互联网+"及信息技术，紧抓数字化机遇，将二维码等数字技术融入教材，使教材内容呈现立体化、可视化、数字化，助力学生学习成长，进一步丰富、更新教材数字化资源，推进教育数字化。

本书由荆州职业技术学院王博、无锡商业职业技术学院吴书龙任主编，山东技师学院胡克晓、咸阳职业技术学院吴珊、荆州职业技术学院蒋欣宸任副主编。苏方绪、习璐、房宏威、李勤、段卫洁、张斌全参编。北京百通科信机械设备有限公司邸玉峰担任主审。

在本书的编写过程中，北京百通科信机械设备有限公司提供了大量的专业技术资料，在此表示感谢。

由于编者水平有限，书中不妥之处在所难免，敬请广大读者批评指正。

编者

二维码索引

名称	二维码	页码	名称	二维码	页码
概述（1）		2	急停试验		98
概述（2）		5	R2电阻仿真等效电阻模拟测试		100
概述（3）		7	R3电阻仿真等效电阻模拟测试		102
交流充电系统的整车装调与测试		12	直流充电互操作性测试		112
随车充电枪总成的装调与测试		31	交流充电系统的数据采集与分析		134
交流充电桩总成的装调与测试		40	交流充电系统的数据采集与分析（任务实施）		141
车载充电机总成的装调与测试		55	交流充电系统的故障诊断与排除（任务实施）		151
直流充电桩总成的装调与测试		66	直流充电系统的数据采集与分析		161
交流充电互操作性测试		82	直流充电系统的数据采集与分析（任务实施）		167
CP输出测试		95	直流充电系统的故障诊断与排除（任务实施）		174

目 录 CONTENTS

前言
二维码索引

项目一　新能源汽车充电技术的认知

任务　电动汽车充电技术的认知 ·· 2

项目二　充电系统的装调与测试

学习情境一　充电系统的整车装调与测试 ·· 10

任务一　交流充电系统的整车装调与测试 ··· 10
任务二　直流充电系统的整车装调与测试 ··· 20

学习情境二　充电设备总成的装调与测试 ·· 29

任务一　随车充电枪总成的装调与测试 ·· 29
任务二　交流充电桩总成的装调与测试 ·· 36
任务三　车载充电机总成的装调与测试 ·· 53
任务四　直流充电桩总成的装调与测试 ·· 61

项目三　充电系统的性能测试

学习情境一　交流充电互操作性测试 ··· 82

任务　交流充电互操作性测试的认知 ··· 82

学习情境二　直流充电互操作性测试 ··· 112

任务　直流充电互操作性测试的认知 ··· 112

项目四　充电系统的故障检修

学习情境一　交流充电系统的故障检修 ·· 134

任务一　交流充电系统的数据采集与分析 ·· 134

任务二　交流充电系统的故障诊断与排除 ·· 147

学习情境二　直流充电系统的故障检修 ·· 161

任务一　直流充电系统的数据采集与分析 ·· 161

任务二　直流充电系统的故障诊断与排除 ·· 171

参考文献 ·· 181

项目一
新能源汽车充电技术的认知

新能源汽车充电技术的认知参考 GB/T 18487.1—2015 等国标要求，主要介绍传导充电系统充电模式和连接方式、传导充电系统的结构、传导充电的要求等内容。

国标是由国家标准化主管机构批准发布，对全国经济、技术发展有重大意义，且在全国范围内统一的标准。国家出台新能源汽车相关标准，对推动我国新能源汽车技术和产业发展具有重要意义。

新能源汽车充电技术

任务　电动汽车充电技术的认知

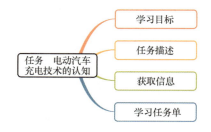

扫一扫

概述（1）

【学习目标】

知识目标：
1）掌握车载式充电模式、连接方式的结构及其特点。
2）掌握地面式换（充）电的结构及其特点。
3）掌握传导式充电的结构与要求。

技能目标：
1）具有判断充电模式和连接方式的结构及其特点的能力。
2）具有判断不同地面式换（充）电的能力。
3）具有判断不同充电结构的能力。

素养目标：
1）能够在学习过程中，通过查找文献、标准等参考资料养成自学的习惯和能力。
2）能够在完成小组作业汇报过程中，养成团队协作、总结、表达和展示的能力。
3）养成服从管理、规范作业的良好工作习惯。

【任务描述】

一位吉利 EV450 纯电动汽车的用户反映，他是第一次接触新能源汽车，想知道车辆是如何进行充电的，可以用什么方式充电？

【获取信息】

电动汽车充电方式主要有传导和感应两种。传导充电是将电传输给动力蓄电池进行充电的方式，感应充电是利用电磁感应给动力蓄电池进行充电的方式。传导充电是目前电动汽车主要应用的充电方式。感应充电即通过非物理接触，以无线形式传送电能，也称作无线充电。2020 年，我国发布了电动汽车无线充电 4 项国家标准，该标准体系规划标准 18 项，规范了电动汽车无线充电系统在公共以及私人应用领域的技术要求、性能要求等。

目前华为、中兴新能源、中惠创智及其他技术公司和科研院校以及上汽荣威、比亚迪、北汽新能源等主流车企都对电动汽车无线充电系统进行了研发测试。但全球市场支持无线充电的量产车型较少,无线充电还没有成为市场主流。本项目主要介绍充电系统的类型和传导充电的结构与要求。

当前,新一轮科技革命和产业变革蓬勃发展,汽车产业与信息、通信、能源、交通等加快融合,电动化、网联化、智能化、共享化成为发展和潮流趋势,新技术、新业态、新模式不断涌现,产业生态和竞争格局面临重塑,我国汽车产业迎来难得的发展机遇。

据工业和信息化部数据统计,2021年新能源汽车销售量达352.1万辆,同比增长1.6倍,市场占有率达到13.4%,高于上一年8个百分点。在行业增量可见、存量扩张的情况下,新能源汽车后市场将是未来汽车行业重点挖掘的"金矿"。机遇与挑战共存,目前新能源汽车市场存在装调测试工程师、维修技师等技术人才紧缺的问题。

一、传导充电系统充电模式和连接方式

充电系统的类型多种多样,有车载式充电、换(充)电系统等,不同的类型使用的场景有很大的差异,充电技术的发展大大提高了电动汽车使用的便捷性。

1. 充电模式

充电模式指连接电动汽车到电网(电源)给电动汽车供电的方式。国标 GB/T 18487.1—2015 规定,电动汽车共有 4 种充电模式,见表 1-1。

表 1-1 电动汽车的充电模式类型

充电类型	充电模式	额定电压	与车辆通信	充电插头连接
交流充电	充电模式 1	AC 220V/16A	无	插座
	充电模式 2	AC 220V/8~16A	通过充电电缆内的模块	插座
	充电模式 3	AC 220V/16~63A	通过充电站的模块	交流充电桩
直流充电	充电模式 4	AC 380V/30~300A	通过充电站的模块	非车载充电机

(1)充电模式 1 如图 1-1 所示,车辆通过传统的家用交流 13A 三脚插头和插座连接到电网上。这种插座不可在家用壁挂式充电设备上使用。

这种充电模式的主要优点是结构简单、成本低,适用于现有的绝大多数充电基础设施。但因其在连接的安全性和保障正常工作方面不可靠,国家标准规定禁止使用充电模式 1 对电动汽车进行充电。

图 1-1 充电模式 1

(2)充电模式 2 充电模式 2 和充电模式 1 的基础设施是一样的,但是连接车辆的充电电缆上安装了控制与保护装置,可以与车辆进行通信,具备剩余电流保护功能,如图 1-2 所示。为保证充电模式 2 充电安全,只使用单相 220V 供电。其主要缺点是当充电

电缆长度太长时，会带来过热风险。

图 1-2　充电模式 2

（3）充电模式 3　充电模式 3 是将电动汽车连接到交流电网（电源）时，使用专用供电设备将电动汽车与交流电网直接连接，并且在专用供电设备上安装了控制导引装置，如图 1-3 所示。

这种充电模式需使用电动汽车内的车载充电机将交流电整流升压成与动力蓄电池匹配的直流电。在充电设备传输电力之前，必须和车辆先建立通信，以便核实连接电缆的容量，以及让充电设备提供电动汽车能承受的最大功率。充电过程中，充电设备和电动汽车实时进行通信，依据车辆情况确定充电电流。该模式的主要优点是可以监控充电连接的完整性。

图 1-3　充电模式 3

（4）充电模式 4　充电模式 4 在将电动汽车连接到交流电网或直流电网时，使用了带控制导引功能的直流供电设备，如图 1-4 所示。该模式的直流供电设备需固定连接至电网，并被设计成大功率输出，将单相或三相交流电整流为高电压直流电，这样可以提高车辆动力蓄电池的充电速度，大幅缩短充电时间。充电设备上的屏幕可指导用户完成连接和断开的操作，并显示充电费用等信息。

图 1-4　充电模式 4

充电模式 4 下，电动汽车应具备充电回路和供电回路的接触器粘连监测和报警功能，并且在供电设备上安装急停装置，可以切断供电设备和电动汽车之间能量传输。

充电模式 4 的体验是最接近传统加油过程的，但充电设备体积大，充电线缆及充电枪都比较重。

2. 连接方式

连接方式指使用电缆和插接器将电动汽车接入电网（电源）的方式，共分为以下 3 种连接方式。

（1）连接方式 A　将电动汽车和交流电网连接时，使用和电动汽车永久连接在一起的充电电缆和供电插头，电缆组件是车辆的一部分（该方式极少使用），如图1-5所示。

（2）连接方式 B　将电动汽车和交流电网连接时，使用带有车辆插头和供电插头的独立的活动电缆组件，可拆卸电缆组件不是车辆或充电设备的一部分，如图1-6所示。

图1-5　连接方式 A

图1-6　连接方式 B

（3）连接方式 C　将电动汽车和交流电网连接时，使用和供电设备永久连接在一起的充电电缆和车辆插头，电动汽车上具有车辆插座，充电电缆是充电设备的一部分，如图1-7所示。

图1-7　连接方式 C

【头脑风暴】

请根据上面学习的充电模式的结构及其特点，结合实际生活经验，想一想不同的充电模式各自适应哪些不同的生活场景。

二、传导充电系统的结构

传导充电是目前应用最为广泛、便捷的充电形式。随着新能源汽车的普及，随之而来的传导充电的故障激增，只有在熟知了传导充电的结构与要求之后，才能进行检修工作。

1. 传导充电的连接装置

传导充电连接装置分为交流装置和直流装置两种。为了解决充电过程中互联互通的安全性和可靠性等软、硬件问题，充电系统设置了控制引导程序，分为交流控制引导和直流

概述（2）

控制引导两种。车辆充电时，根据选择的充电类型连接交流充电口或者直流充电口，连接正确后开始充电。

2. 交流充电连接装置的结构

交流充电连接装置的结构以吉利EV450车型为例进行介绍。其交流充电连接装置主要包括交流充电接口、车载充电机、充电线束、交流充电桩或者随车充电设备等。

吉利EV450的交流充电口安装在车辆左前翼子板上，位置如图1-8所示。在整车上锁的情况下，交流充电口盖打不开，只有在整车解锁后，按压交流充电接口盖板才可以打开交流充电口盖。

如要拔出充电枪，需先按下智能钥匙解锁按钮，解锁充电枪。如果电动解锁失效，可通过机舱左前照灯附近的机械解锁拉索解锁，如图1-9所示。

图1-8 交流充电口

图1-9 交流充电应急拉索

3. 直流充电连接装置的结构

为了应对紧急情况，希望在15~30min能把动力蓄电池充满到最大容量的80%，对应的充电倍率应该在2~4C，这属于快充方案，配套的公共设施是直流充电桩。直流充电桩上的直流电通过充电枪与吉利EV450的直流充电口，传递给快充线束后直接送到动力蓄电池。

打开直流充电口盖，需要拉动位于驾驶室转向盘下的直流充电口盖开关，如图1-10所示。

图1-10 直流充电口及开关位置

【头脑风暴】

请根据上面学习的传导充电的结构，想一想交流充电和直流充电的结构中，有哪些不一样的地方。

三、传导充电的要求

为进一步完善充电接口及通信协议标准，结合《电动汽车传导充电互操作测试规范》和《电动汽车非车载传导式充电机与电池管理系统之间的通信协议一致性测试》，根据兼容性问题，对传导充电提出了许多要求，以下进行简要介绍。

1. 基本要求

1）充电连接装置在使用时应性能可靠，对使用者和周围环境没有危害。

2）充电连接装置的使用环境温度为 –30~+50℃。

3）充电连接装置易触及的表面应无毛刺、飞边及类似尖锐边缘。

4）供电插头、供电插座、车辆插头和车辆插座的外壳上应标有制造商的名称或商标产品型号、额定电压和额定电流等信息，如图 1-11 所示。

图 1-11　车辆充电插座

2. 结构要求

1）供电插头、供电插座、车辆插头和车辆插座应有配属的防护装置，以确保插头和插座插合时满足要求，如图 1-12 所示。

图 1-12　充电枪的要求

2）供电插头和车辆插头的外壳应将端子和充电电缆的端部完全封闭。

3）供电插头和车辆插头的部件（如端子、插头、壳体等）应可靠固定，正常使用时不应松脱，且不使用工具时无法拆卸。

4）车辆插头和车辆插座之间应按唯一的相对位置进行插合，从而避免由于误插入引起不同功能的插销和插套的导电部分接触。

5）供电插头和车辆插头的电缆应便于电缆导管或电缆保护层进入，并给电缆提供完善的机械保护。

3. 直、交流充电互操作测试要求

根据《电动汽车传导充电互操作性测试规范 第 1 部分：供电设备》（GB/T 34657.1—2017）和《电动汽车传导充电互操作性测试规范 第 2 部分：车辆》（GB/T 34657.2—2017）规定，电动汽车及充电桩行业具备一个详细的测试标准。在这些测试标准的监督下，电动汽车与充电桩的兼容匹配性将会大大提高。

电动汽车充电技术的认知	学习任务单	班级：
		姓名：

1. 充电模式 4 下直流供电设备需固定连接至_____。

2. 充电模式 3 应具备剩余_____保护装置；采用_____时，电流应不大于 32A；采用三相供电时，电流应不大于_____A；采用三相供电时，电流大于_____A 时应采用方式 C。

3. 地面式换（充）电结构可以分为_____与_____两种。

4. 以吉利 EV450 车型为例，其交流充电连接装置主要包括交流充电接口、_____、充电线束、_____或者随车充电设备等。

5. 直流充电系统主要由直流充电桩、直流充电枪、直流充电口（带高压线束）、_____、_____、辅助蓄电池以及各种高压线束和低压控制线束等组成。

6. 在整车上锁的情况下，交流充电口盖打不开，只有在整车_____后，按压_____，才可以打开交流充电口盖。

项目二
充电系统的装调与测试

充电系统的装调与测试分为充电系统的整车装调与测试和充电设备总成的装调与测试，本项目交流充电系统的整车装调与测试主要讲解车载充电机的装调与测试；直流充电系统的整车装调与测试主要讲解直流充电插座的装调与测试。充电设备总成的装调与测试主要包括随车充电枪总成的装调与测试、交流充电桩总成的装调与测试、车载充电机总成的装调与测试和直流充电桩总成的装调与测试。

```
项目二 充电系统        ┌─ 学习情境一  充电系统的整车装调与测试 ─┬─ 任务一  交流充电系统的整车装调与测试
的装调与测试           │                                      └─ 任务二  直流充电系统的整车装调与测试
                      │                                       ┌─ 任务一  随车充电枪总成的装调与测试
                      └─ 学习情境二  充电设备总成的装调与测试 ─┼─ 任务二  交流充电桩总成的装调与测试
                                                              ├─ 任务三  车载充电机总成的装调与测试
                                                              └─ 任务四  直流充电桩总成的装调与测试
```

任何一个小的失误都会导致最终的装调失败，影响到后期充电设备的使用，甚至造成严重的安全隐患，所以在进行充电系统的装调与测试时，应该注重每一个细节，精益求精，力争完美。

学习情境一

充电系统的整车装调与测试

充电系统的整车装调与测试主要包括两个任务，任务一为交流充电系统的整车装调与测试，主要讲解吉利 EV450 车载充电机的装调与测试；任务二为直流充电系统的整车装调与测试，主要讲解吉利 EV450 直流充电插座的装调与测试。

任务一 交流充电系统的整车装调与测试

【学习目标】

知识目标：

1）掌握吉利 EV450 纯电动汽车车载充电机各插件的功能。

2）掌握吉利 EV450 纯电动汽车车载充电机装调的注意事项。

技能目标：

1）具有识别吉利 EV450 纯电动汽车车载充电机各插件的能力。

2）具有拆装吉利 EV450 纯电动汽车车载充电机总成的能力。

素养目标：

1）能够在工作过程中与小组其他成员合作、交流，养成团队合作意识，锻炼沟通能力。

2）养成认识问题、分析问题和解决问题的能力。

3）养成 7S 管理的工作习惯。

4）培养一丝不苟、精益求精的工匠精神。

【任务描述】

一辆吉利 EV450 纯电动汽车由于被水淹导致无法交流充电，维修人员检查后发现是车载充电机损坏，需要对该车的车载充电机进行装调和测试。

【获取信息】

一、车载充电机各插件

吉利 EV450 纯电动汽车车载充电机各插件如图 2-1 所示。各插件按照功能分为三类，第一类为冷却液插件，包括一个进水口插件和一个出水口插件；第二类为高压插件，插件颜色为橙色，主要包括动力蓄电池插件、PTC 插件、电机控制器插件和交流充电插座插件；第三类为低压插件，插件颜色为黑色。

图 2-1　车载充电机各插件

二、车载充电机装调的注意事项

1）整车下电，断开动力蓄电池负极端子连接。

2）换件前，须拔掉所有车载充电机高、低压插件。

3）在车辆底部放置容器，避免污染地面。

4）水管脱开前，切勿遗漏拆卸接地螺栓，避免拿出充电机时抖洒冷却液和拉扯线束。

5）水管脱开后，可将水管口稍微上抬；拿出充电机时，充电机端水管朝上拿出。

6）新件换好后插接水管时，注意"一插、二响、三确认"。

7）若冷却液接近于膨胀水壶下限标示线，请补充冷却液。

8）若车辆刚刚运行结束，换件时需先打开膨胀水壶拧盖，避免水管脱开时冷却液喷溅。

9）水管旁边的 AC 插件和低压插件尽量远离水管，避免冷却液进入。

10）充电机换好后，勿忘排除管路内的空气。

交流充电系统的整车装调与测试	学习任务单	班级：
		姓名：

1. 吉利 EV450 纯电动汽车车载充电机插件按照功能分为三类，第一类为冷却液插件，包括_____和_____；第二类为高压插件，插件颜色为_____，主要包括动力_____、_____、_____和_____；第三类为低压插件，插件颜色为_____。

2. 根据所学知识，将吉利 EV450 纯电动汽车车载充电机插件名称填入下图框中。

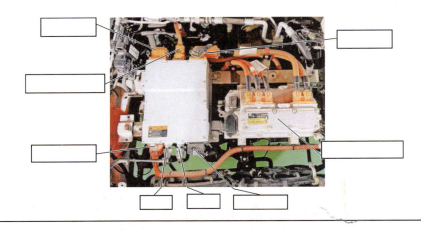

【任务实施】 **交流充电系统的整车装调与测试**

实训器材

吉利 EV450 纯电动汽车、个人防护装备、安全护栏、警告标识牌、常用工具和维修手册等。

【注意事项】

应该注重每一个细节，精益求精，力争完美。

作业准备

正确使用个人防护装备、设置安全护栏、放置警告标识牌、选择正确的绝缘手套（确认外观、绝缘等级、有无漏气）、使用护目镜、车辆在工位停放周正、铺好车内和车外护套。

扫一扫

交流充电系统的整车装调与测试

一、车载充电机的拆卸

序号	操作示意图	操作方法	标准
1		断开车载充电机与加热器高压线束插接器连接	规范地断开线束连接

（续）

序号	操作示意图	操作方法	标准
2		断开车载充电机与驱动电机控制器高压线束插接器连接	规范地断开线束连接
3		断开车载充电机线束与交流充电插座总成插接器连接	
4		断开车载充电机与电机总成连接水管	
5		断开车载充电机与电机控制器连接水管	规范地断开线束连接
6		断开车载充电机与低压电路插接器连接	

（续）

序号	操作示意图	操作方法	标准
7		拆卸分线盒电机控制器高压线束插接器4个固定螺栓	规范地拆卸螺栓

二、车载充电机总成的安装

序号	操作示意图	操作方法	标准
1		放置车载充电机，紧固4个车载充电机固定螺栓	规范地安装螺栓
2		连接车载充电机与加热器高压线束插接器	规范地连接线束插接器
3		连接车载充电机与驱动电机控制器高压线束插接器	

（续）

序号	操作示意图	操作方法	标准
4		连接车载充电机线束与交流充电插座总成插接器	规范地连接线束插接器
5		连接车载充电机与电机总成连接水管	规范地连接水管
6		连接车载充电机与电机控制器连接水管	
7		连接车载充电机与低压电路插接器	规范地连接线束插接器
8		连接分线盒侧直流母线线束插接器	

交流充电系统的整车装调与测试		工作任务单	班级：	
			姓名：	
1. 车辆信息记录				
品牌		整车型号		生产日期
驱动电机型号		动力蓄电池电量		行驶里程
车辆识别代号				
2. 作业场地准备				
检查、设置隔离栏				□是　□否
检查、设置安全警示牌				□是　□否
检查灭火器压力、有效期				□是　□否
安装车辆挡块				□是　□否
3. 记录验电电压				
4. 拆卸后检查数据记录				
5. 装车前检查数据记录				
6. 性能检测				
检测对象	检测条件	检测值	标准值	结果判断
7. 竣工检验				
车辆是否正常上电				□是　□否
车辆是否正常切换档位				□是　□否
8. 作业场地恢复				
拆卸车内三件套				□是　□否
拆卸翼子板布				□是　□否
将高压警示牌等放至原位置				□是　□否
清洁、整理场地				□是　□否

项目二　充电系统的装调与测试

【课证融通考评单】	交流充电系统的整车装调与测试		实习日期：		
姓名：	班级：		学号：		教师签名：
自评：□熟练　□不熟练	互评：□熟练　□不熟练		师评：□合格　□不合格		
日期：	日期：		日期：		

评分项目	评分细项	配分	扣分		
			自评	互评	师评
准备工作	正确使用个人防护装备：设置安全护栏、放置警告标识牌、选择正确的绝缘手套（确认外观、绝缘等级、有无漏气）、使用护目镜	2			
	填写车辆信息（未记录齐全且正确，本项不得分）	1			
	检查前机舱高、低压线束或插接件是否松动	1			
	使用手电筒检查充电插座（直流、交流）接口处是否有异物、烧蚀，照明灯是否亮等情况	1			
	佩带绝缘手套和护目镜检查充电插座（直流、交流）接口	1			
	正确查询到车载充电机整车装配的维修手册（或装配工艺流程图）	1			
高压断电	上电确认是否可以正常上高压电，"OK（或READY）"灯亮，记录SOC	1			
	使用诊断仪读取故障码，清除故障码，再次读取故障码，并做好记录	1			
	拔下点火钥匙（关闭点火开关）	1			
	把点火钥匙放入口袋	1			
	戴绝缘手套拔下维修开关/或断开车载充电机处直流母线等待5min（需向考官汇报），也可以在断开蓄电池负极连接之后等待5min	2			
	拔下维修开关并放入安全锁箱里	1			
	再次上电确认是否不能上高压电，"OK（或READY）"灯不亮	1			
	拔下点火钥匙（关闭点火开关）	1			
	把点火钥匙放入锁箱	1			
	在拔下（关闭）点火钥匙后断开12V蓄电池负极线缆连接	1			
	将负极线缆（极柱）用绝缘胶带或保护套包裹	1			
仪表选择和验电操作	选择正确的测量仪表：确认表和表笔为CATIII（本项如果错误，验电操作均不得分）	2			
	使用正确的测量仪表档位：电压档	1			
	测量12V蓄电池电压	2			
	完成上述测试后，遵循单手操作原则测量维修开关插座/或车载充电机处直流母线正、负导电极之间的电压	2			
	完成上述测试后，测量12V蓄电池电压	2			
	确认高压系统不带电（高压系统电压低于1V）	1			

（续）

评分项目	评分细项	配分	扣分		
			自评	互评	师评
拆卸车载充电机	断开车载充电机低压线束插接器	1			
	按正确流程排放冷却液（打开冷却液膨胀罐总成盖→断开散热器出水管，用回收容器接收放出的冷却液）	2			
	依次（不需要按顺序）断开车载充电机与加热器、驱动电机控制器、交流充电插座总成相连的高压线束插接器	2			
	水管脱开前，在车辆底部放置容器，接住防冻液，以免污染地面。依次（不需要按顺序）断开车载充电机与驱动电机总成、驱动电机控制器相连接的水管且不得有液体洒出	1			
	用塞子（堵头）将冷却水管密封	1			
	正确（从外向内对角）拆卸车载充电机总成4个固定螺栓	1			
	拆除搭铁线，取下车载充电机总成	1			
	拆下车载充电机总成后，将车载充电机总成内的剩余液体倾倒干净	1			
	有效佩带绝缘手套和护目镜拆卸高压线束	2			
	借助工具辅助拆卸时需做防护（包裹胶带或用绝缘保护套防护）	1			
	工具零件落地、摆放凌乱或放置在没有防护的车辆、举升台上，不得分	1			
数据记录	选择正确的测量仪表：确认表和表笔为CATIII（本项如果错误，数据记录均不得分）	2			
	使用正确的测量仪表档位：电压测量选择电压档，绝缘测量选择1000V绝缘等级	1			
	正确测量车载充电机输出端子HV+与端子HV-之间的断路电压	1			
	正确测量车载充电机输入端插座的绝缘性	1			
	正确测量车载充电机输出端插座的绝缘性	1			
	遵守"单手操作"原则（先把鳄鱼夹夹到电路的一个端子，然后用另一只表笔接需测量端子）测量并读数	2			
	表针头短接和触碰任何非目标测量金属部件，均不得分	1			
装车前的检查	清洁车载充电机外观，使用照明灯目视检查	1			
	选择正确的测量仪表：确认表和表笔为CATIII（本项如果错误，数据记录均不得分）	2			
	使用正确的测量仪表档位：选择1000V绝缘等级	1			
	正确测量车载充电机输入端连接高压线束绝缘电阻值	1			
	正确测量车载充电机输出端连接高压线束绝缘电阻值	1			
	遵守"单手操作"原则（先把鳄鱼夹夹到电路的一个端子，然后用另一只表笔接需测量端子）测量并读数	2			
	表针头短接和触碰任何非目标测量金属部件，均不得分	1			

（续）

评分项目	评分细项	配分	扣分		
			自评	互评	师评
车载充电机总成装车	检查每个螺栓、螺栓孔技术状况，检查出螺栓、螺栓孔异常情况时需报告	2			
	全程有效佩戴手套和护目镜安装车载充电机	1			
	用手旋入至少5mm（2~3圈）预安装固定螺栓	1			
	按照正确顺序紧固车载充电机固定螺栓至规定紧固力矩（标准查阅手册，现场作业调整为标准值的一半）	1			
	按规定紧固力矩（标准查阅手册）正确固定车载充电机搭铁线束	1			
	向前推动预知式扭力扳手手柄紧固螺栓，不得分	1			
	正确安装车载充电机与驱动电机总成、驱动电机控制器相连接的冷却水管并固定卡箍	1			
	依次（不需要按顺序）正确连接（插接时注意"一插、二响、三确认"）车载充电机与加热器、驱动电机控制器、交流充电插座总成相连的高压线束插接器	1			
	正确连接车载充电机低压电路插接器（并检查卡扣锁止）	1			
	有效佩带绝缘手套和护目镜安装电机控制器高压插接器（并检查连接牢固）	1			
	选择正确的测量仪表：确认表和表笔为CATIII（本项如果错误，数据记录均不得分）	2			
	使用正确的测量仪表档位：接地电阻仪（0.01Ω）电阻档	1			
	正确测量车载充电机的等电位线与壳体之间的接地电阻值	2			
	遵守"单手操作"原则（先把鳄鱼夹夹到电路的一个端子，然后用另一只表笔接需测量端子）测量并读数	1			
	表针头短接和触碰任何非目标测量金属部件，均不得分	1			
性能检验	连接车载充电机输入端直流母线	1			
	系统上高压电前复检高、低压插接器连接状态等	2			
	正确安装辅助蓄电池负极至固定力矩（现场作业调整为预紧即可）	1			
	对加注的冷却液进行冰点检测，并判断是否合格	2			
	连接散热器出水管，确保冷却管路连接完整	1			
	进行静态冷却液的加注（将车辆起动至ON档且非充电状态，连接诊断仪，选择FE-3ZA车型→手工选择系统→空调控制器（AC）→特殊功能，选择加注初始化，车辆处于加注初始化状态）	2			
	拧开膨胀罐盖，缓慢加注冷却液，直至膨胀罐内冷却液量达到80%左右且液位不再下降，膨胀罐保持开口状态。加注过程中，冷却液不能明显滴洒	1			

(续)

评分项目	评分细项	配分	扣分 自评	扣分 互评	扣分 师评
性能检验	采用诊断仪进行规范化系统排气：控制诊断仪，使车辆处于排气状态，如果液位下降，及时补充冷却液，排气过程时长不小于10min（考核原因：不低于2min）；直至加注冷却液至合适位置（MAX线和MIN线）拧紧膨胀罐盖，控制诊断仪，使车辆恢复默认模式	3			
	检查散热器出水管路有无泄漏，清洁膨胀罐口溢出的冷却液	1			
	记录仪表信息且正确	3			
	记录诊断信息且正确	1			
收拾工位	移除翼子板护套、转向盘护套、座椅护套、脚垫、高压安全警示标识等	1			
	整理工作场地，清洁所有部件和工具	2			
总得分					
平均分					

任务二 直流充电系统的整车装调与测试

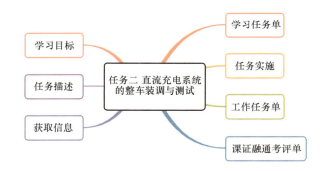

【学习目标】

知识目标：

1）掌握吉利EV450纯电动汽车直流充电系统的组成。

2）掌握吉利EV450纯电动汽车直流充电系统部件的布局。

技能目标:

1) 具有对吉利 EV450 纯电动汽车进行高压断电和验电操作的能力。

2) 具有拆装吉利 EV450 纯电动汽车直流充电插座的能力。

素养目标:

1) 能够在工作过程中与小组其他成员合作、交流,养成团队合作意识,锻炼沟通能力。

2) 养成认识问题、分析问题和解决问题的能力。

3) 7S 管理的工作习惯。

4) 养成一丝不苟、精益求精的工匠精神。

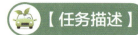

一辆吉利 EV450 纯电动汽车由于被水淹导致无法直流充电,维修人员检查后发现是直流充电插座损坏,需要对该车的直流充电插座进行装调和测试。

吉利 EV450 纯电动汽车直流充电系统的布局

吉利 EV450 纯电动汽车的直流充电系统由直流充电接口、直流充电高压线束和动力蓄电池组成。直流充电接口在车辆的左后部,由一个盖板覆盖,从车内将直流充电接口盖板拉开后,盖板弹开,可看到直流充电插座固定在车辆壳体上。直流充电插座与直流充电高压线束连接,直流充电高压线束连接直流充电插座和动力蓄电池,如图 2-2 所示。

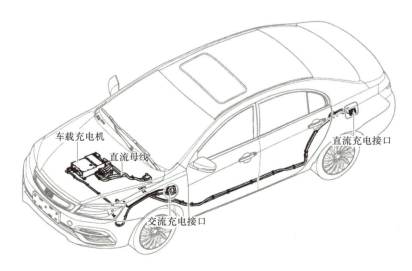

图 2-2 吉利 EV450 纯电动汽车直流充电系统的布局图

直流充电系统的整车装调与测试	学习任务单	班级：
		姓名：

1. 吉利 EV450 纯电动汽车的直流充电系统由＿＿＿＿、＿＿＿＿和＿＿＿＿＿＿组成。直流充电接口在车辆的左后部，由一个盖板覆盖，从车内将直流充电接口盖板拉开后，盖板弹开，可看到＿＿＿＿固定在车辆壳体上。直流充电插座与直流充电高压线束连接，直流充电高压线束连接直流充电插座和动力蓄电池。

2. 根据所学知识，将相应的名称填入下图方框中。

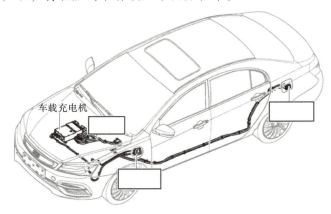

【任务实施】 直流充电系统的整车装调与测试

实训器材

吉利 EV450 纯电动汽车、故障诊断仪、示波器、钳形万用表、常用工具和维修手册等。

作业准备

正确使用个人防护装备，设置安全护栏，放置警告标识牌，选择正确的绝缘手套（确认外观、绝缘等级、有无漏气），使用护目镜，将车辆在工位停放周正，铺好车内和车外护套。

【注意事项】

应该注重每一个细节，精益求精，力争完美。

【操作步骤】

一、直流充电插座的拆卸

序号	操作示意图	操作方法	标准
1		连接分线盒侧直流母线线束插接器	规范地断开线束连接

项目二　充电系统的装调与测试

（续）

序号	操作示意图	操作方法	标准
2	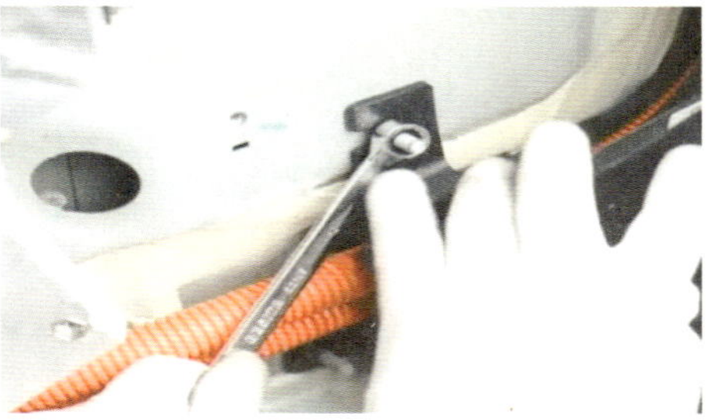	拆卸直流充电高压线束支架固定螺栓和螺母，脱开直流充电高压线束支架	规范地拆下螺栓
3	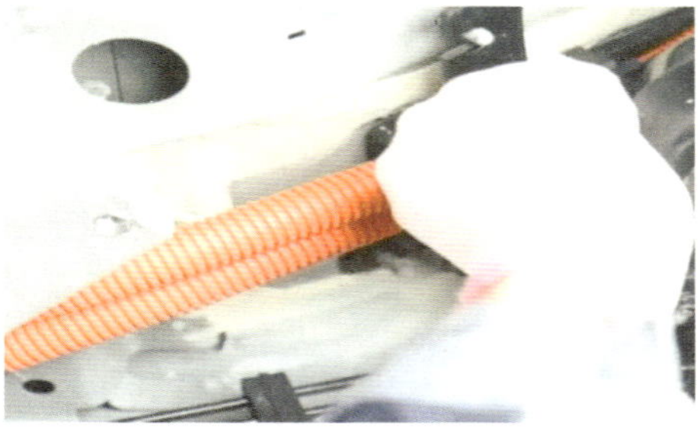	脱开直流充电高压线束固定线卡	规范地脱开线束固定线卡
4	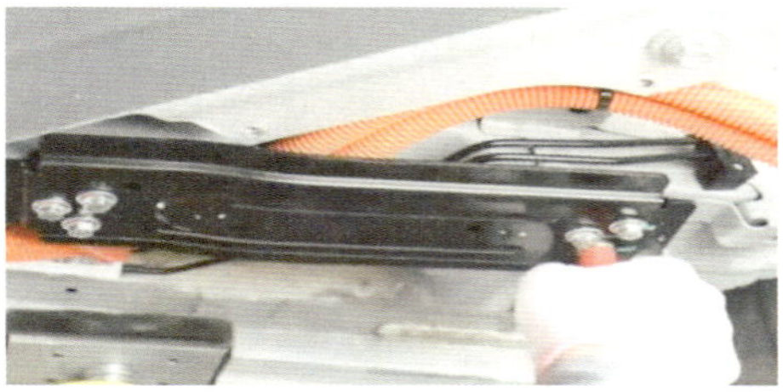	拆卸动力蓄电池左防撞梁螺栓	规范地拆下螺栓
5	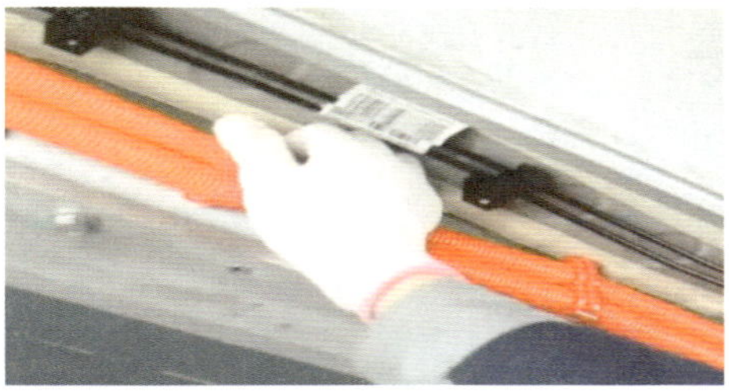	脱开直流充电高压线束4个固定线卡	规范地脱开线束固定线卡
6	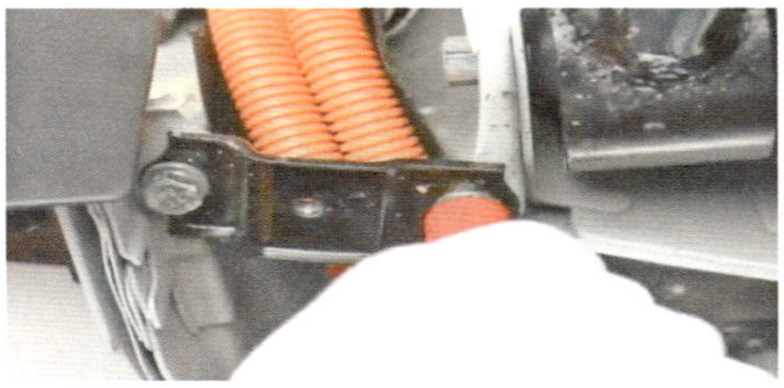	拆卸直流充电高压线束支架固定螺栓	规范地拆下螺栓
7	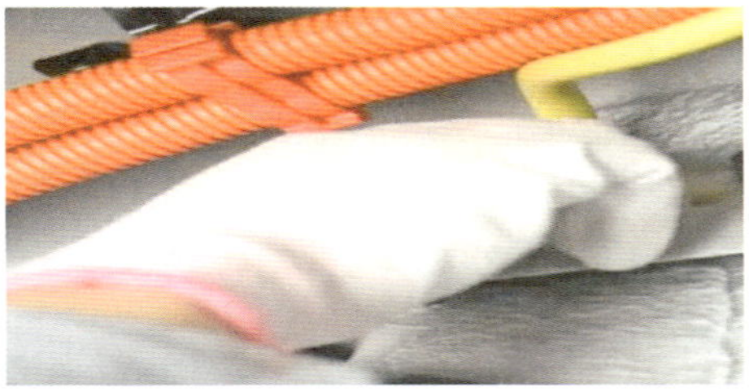	断开直流充电插座线束插接器	规范地断开线束插接器

23

新能源汽车充电技术

（续）

序号	操作示意图	操作方法	标准
8		拆卸直流充电插座搭铁线束固定螺栓，脱开搭铁线束	规范地断开线束插接器
9		拆卸直流充电插座固定4个螺栓，取出直流充电插座总成	规范地拆下4个螺栓

二、直流充电插座的安装

序号	操作示意图	操作方法	标准
1		放置直流充电插座总成，紧固直流充电插座总成4个螺栓	紧固力矩：9N·m
2		连接直流充电插座线束插接器	规范地安装线束插接器
3		紧固直流充电插座搭铁线束固定螺栓	紧固力矩：9N·m

项目二　充电系统的装调与测试

（续）

序号	操作示意图	操作方法	标准
4	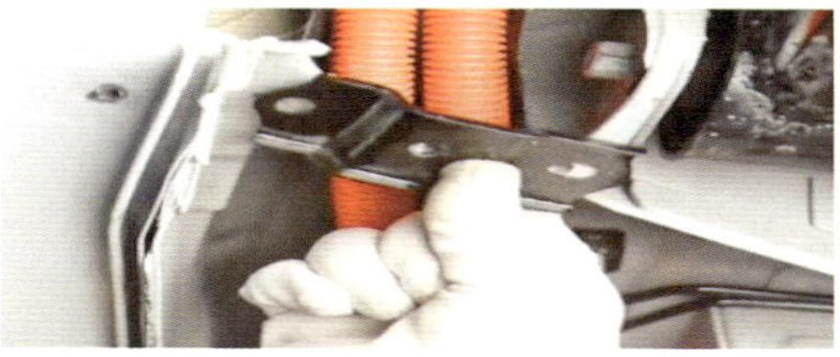	安装直流充电高压线束固定线卡	规范地安装固定线卡
5	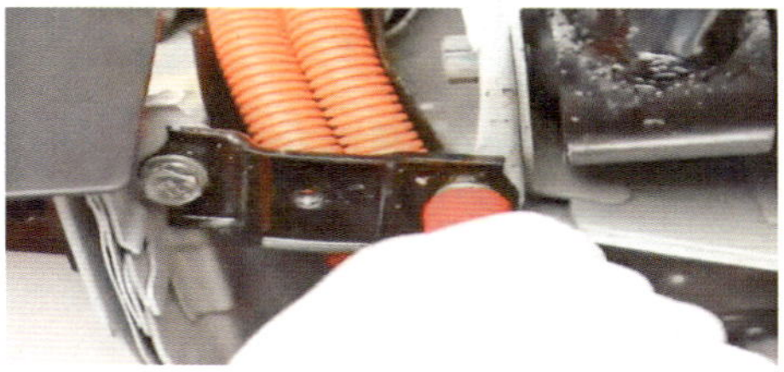	紧固直流充电高压线束支架固定螺栓	紧固力矩：9N·m
6		安装直流充电高压线束4个固定线卡	规范地安装固定线卡
7		紧固动力蓄电池左防撞梁螺栓	规范地安装螺栓
8		安装直流充电高压线束支架，紧固直流充电高压线束支架固定螺栓和螺母	紧固力矩：9N·m
9	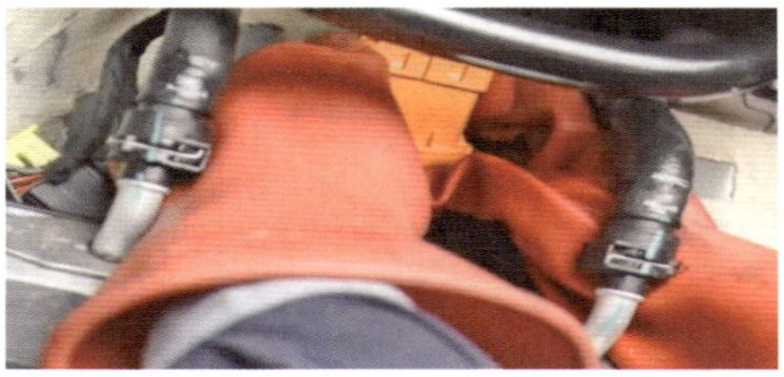	连接动力蓄电池上的直流充电高压线束插接器	规范地安装线束插接器

直流充电系统的整车装调与测试		工作任务单	班级：
			姓名：

1. 车辆信息记录

品牌		整车型号		生产日期	
驱动电机型号		动力蓄电池电量		行驶里程	
车辆识别代号					

2. 作业场地准备

检查、设置隔离栏	□是 □否
检查、设置安全警示牌	□是 □否
检查灭火器压力、有效期	□是 □否
安装车辆挡块	□是 □否

3. 记录高压断电的相关数据

4. 记录验电操作的相关数据

5. 记录直流充电插座拆卸的相关数据

6. 记录直流充电插座安装的相关数据

7. 竣工检验

车辆是否正常上电	□是 □否
车辆是否正常切换档位	□是 □否

8. 作业场地恢复

拆卸车内三件套	□是 □否
拆卸翼子板布	□是 □否
将高压警示牌等放至原位置	□是 □否
清洁、整理场地	□是 □否

项目二 充电系统的装调与测试

【课证融通考评单】 直流充电系统的整车装调与测试		实习日期:	
姓名:	班级:	学号:	教师签名:
自评:□熟练 □不熟练	互评:□熟练 □不熟练	师评:□合格 □不合格	
日期:	日期:	日期:	

评分项目	评分细项	分值	扣分		
			自评	互评	师评
准备工作	正确使用个人防护装备:设置安全护栏、放置警告标识牌、选择正确的绝缘手套(确认外观、绝缘等级、有无漏气)、使用护目镜	2			
	填写车辆信息(未记录齐全且正确,本项不得分)	1			
	检查前机舱高、低压线束或插接件是否松动	2			
	使用手电筒检查充电插座(直流、交流)接口处是否有异物、烧蚀,照明灯是否亮等情况	2			
	佩带绝缘手套和护目镜检查充电插座(直流、交流)接口	2			
	正确查询到直流充电插座整车装配的维修手册(或装配工艺流程图)	2			
高压断电	上电确认是否可以正常上高压电,"OK(或READY)"灯亮,记录SOC	2			
	使用诊断仪读取故障码,清除故障码,再次读取故障码,并做好记录	2			
	拔下点火钥匙(关闭点火开关)	1			
	把点火钥匙放入口袋	1			
	戴绝缘手套拔下维修开关/或断开车载充电机处直流母线等待5min(需向考官汇报),也可以在断开动力蓄电池负极连接之后等待5min	2			
	拔下维修开关并放入安全锁箱里	2			
	再次上电确认是否不能上高压电,"OK(或READY)"灯不亮	2			
	拔下点火钥匙(关闭点火开关)	1			
	把点火钥匙放入锁箱	2			
	在拔下点火钥匙后断开12V蓄电池负极线缆连接	2			
	将负极线缆(极柱)用绝缘胶带或保护套包裹	2			
仪表选择和验电操作	选择正确的测量仪表:确认表和表笔为CATIII(本项如果错误,验电操作均不得分)	2			
	使用正确的测量仪表档位:电压档	2			
	测量12V蓄电池电压	1			
	完成上述测试后,遵循单手操作原则测量维修开关插座/或车载充电机处直流母线正、负导电极之间的电压	2			
	完成上述测试后,测量12V蓄电池电压	2			
	确认高压系统不带电(高压系统电压低于1V)	2			

(续)

评分项目	评分细项	分值	扣分 自评	扣分 互评	扣分 师评
拆卸直流充电插座	拆卸左后轮	1			
	拆卸左后轮罩衬板	1			
	断开动力蓄电池上的直流充电高压线束插接器连接	2			
	拆卸直流充电高压线束支架固定螺栓螺母,脱开直流充电高压线束支架	2			
	脱开直流充电高压线束固定线卡	2			
	拆卸动力蓄电池左防撞梁螺栓	2			
	脱开直流充电高压线束4个固定线卡	4			
	拆卸直流充电高压线束支架固定螺栓	2			
	拆卸直流充电插座搭铁线束固定螺栓,脱开搭铁线束	2			
	断开直流充电插座线束插接器连接	2			
	拆卸直流充电插座固定4个螺栓,取出直流充电插座总成	2			
安装直流充电插座	放置直流充电插座总成,紧固直流充电插座总成4个螺栓	2			
	安装直流充电高压线束4个固定线卡	4			
	紧固直流充电插座搭铁线束固定螺栓	3			
	连接直流充电插座线束插接器	2			
	紧固直流充电高压线束支架固定螺栓	2			
	紧固动力蓄电池左防撞梁螺栓	2			
	安装直流充电高压线束支架,紧固直流充电高压线束支架固定螺栓螺母	4			
	连接动力蓄电池上的直流充电高压线束插接器	3			
	安装左后轮罩衬板	3			
	安装左后轮	3			
	连接车载充电器处直流母线	3			
收拾工位	移除翼子板护套、转向盘护套、座椅护套、脚垫、高压安全警示标识等	3			
	整理工作场地,清洁所有部件和工具	3			
总分					

学习情境二

充电设备总成的装调与测试

任务一　随车充电枪总成的装调与测试

【学习目标】

知识目标：

1）掌握随车充电枪总成的组成。

2）掌握随车充电枪总成的指示灯显示状态。

技能目标：

1）具有熟练进行随车充电枪总成拆卸的能力。

2）具有熟练进行随车充电枪总成安装的能力。

素养目标：

1）能够在工作过程中与小组其他成员合作、交流，养成团队合作意识，锻炼沟通能力。

2）养成认识问题、分析问题和解决问题的能力。

3）7S 管理的工作习惯。

4）养成一丝不苟、精益求精的工匠精神。

【任务描述】

充电枪生产企业接到一个订单，需要生产一批随车充电枪总成，作为一名生产技术工人，需要对这批随车充电枪总成进行装调与测试。

【获取信息】

一、随车充电枪总成的概述

吉利 EV450 纯电动汽车随车充电枪总成随车配备，可在车辆行李舱内找到，主要在没有交流充电桩也没有直流充电桩的场景下使用。随车充电枪总成可使用家用 220V 电压，通过车辆交流充电接口为车辆充电。随车充电枪总成由三脚充电插头、充电枪指示灯、充电枪和充电线缆组成，如图 2-3 所示。

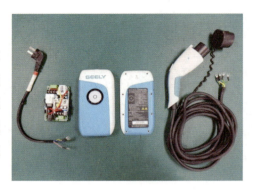

图 2-3 随车充电枪总成的组成零件

二、随车充电枪总成的指示灯显示状态

充电枪指示灯可以通过不同的显示状态反映当前的充电信息。随车充电枪故障显示及处理机制见表 2-1。

表 2-1 随车充电枪故障显示及处理机制

显示状态	状态说明	处理机制
蓝色常亮	电源指示	—
绿色循环闪烁	正在充电	—
全部绿色常亮	充电完成	—
全部绿色闪烁	未连接	将枪头重新插入充电座
红色闪烁	漏电保护	重新插入充电枪
红色闪烁	过流保护	—
红色闪烁	过压/欠压保护	—
红色闪烁	通信异常	重新插入充电枪
红色常亮	未接地	检查接地
红色常亮	电源故障	检查交流电源

随车充电枪总成的装调与测试	学习任务单	班级： 姓名：

1. 吉利 EV450 纯电动汽车随车充电枪总成随车配备，可在＿＿＿＿＿＿＿找到，主要在没有交流充电桩也没有直流充电桩的场景下使用。随车充电枪总成可使用家用 220V 电压，通过车辆交流充电接口为车辆充电。随车充电枪总成由＿＿＿＿＿＿＿、充电枪指示灯、＿＿＿＿＿＿＿和充电线缆组成。

2. 根据所学知识，将吉利 EV450 纯电动汽车随车充电枪总成的组成部件名称填入下图空白处。

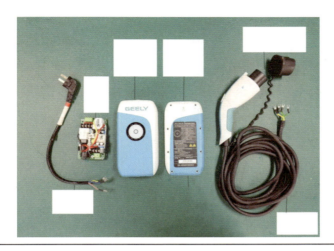

【任务实施】 随车充电枪总成的装调与测试

实训器材

万用表、绝缘电阻测试仪、常用工具和技术资料等。

作业准备

穿绝缘鞋进入工位，设置隔离栏，放置安全警示牌，检查干粉灭火器，检查工具、设备。

【注意事项】

应该注重每一个细节，精益求精，力争完美。

【操作步骤】

一、随车充电枪解体

序号	操作示意图	操作方法	标准
1		卸下随车充电枪总成壳体后盖的 8 个螺栓	规范地拆下 8 个螺栓
2		拧松三角插头连接线的固定螺栓，将三角插头连接线从主板上脱离	规范地拆下固定螺栓

（续）

序号	操作示意图	操作方法	标准
3		拧松充电线缆与主板的固定螺栓，将充电线缆从主板上脱离	规范地拆下固定螺栓
4		拧松主板的固定螺栓，将主板从壳体上取下	

二、随车充电枪装调

序号	操作示意图	操作方法	标准
1		将主板放入壳体中，用螺栓固定	规范地安装固定螺栓
2		将充电线缆与主板连接，拧紧充电线缆与主板的固定螺栓	

（续）

序号	操作示意图	操作方法	标准
3		将三角插头连接线与主板连接，拧紧三角插头连接线的固定螺栓	规范地安装固定螺栓
4		安装随车充电枪总成壳体后盖的 8 个螺栓	

三、随车充电枪测试

序号	操作示意图	操作方法	标准
1		将充电枪插入车辆交流充电口	充电枪插入到位
2		观察充电枪指示灯的显示状态	充电指示灯显示正常

随车充电枪总成的装调与测试	工作任务单	班级：
		姓名：

1. 随车充电枪总成信息记录

2. 作业场地准备

3. 记录随车充电枪解体的相关数据

4. 记录随车充电枪装调的相关数据

5. 记录随车充电枪测试的相关数据

6. 作业场地恢复

【课证融通考评单】 随车充电枪总成的装调与测试		实习日期：		
姓名：	班级：	学号：		教师签名：
自评：□熟练 □不熟练	互评：□熟练 □不熟练	师评：□合格 □不合格		
日期：	日期：	日期：		

评分项目	评分细项	配分	扣分		
			自评	互评	师评
准备工作	穿绝缘鞋进入工位	2			
	进入工位后设置隔离栏	3			
	放置安全警示牌	2			
	检查干粉灭火器	2			
	检查绝缘手套耐压等级	2			

（续）

评分项目	评分细项	配分	扣分		
			自评	互评	师评
准备工作	检查绝缘手套密封性	2			
	检查酸碱性手套	2			
	检查护目镜	2			
	检查安全帽	2			
	进行绝缘电阻测试仪开路检查	3			
	进行绝缘电阻测试仪短路检查	3			
	进行接地电阻测试仪开路检查	3			
	进行接地电阻测试仪短路检查	3			
	进行万用表校零	2			
	检查工具的完整性	2			
随车充电枪解体	卸下随车充电枪总成壳体后盖的8个螺栓	3			
	拧松三角插头连接线的固定螺栓	3			
	将三角插头连接线从主板上脱离	2			
	拧松充电线缆与主板的固定螺栓	2			
	将充电线缆从主板上脱离	2			
	拧松主板的固定螺栓	2			
	将主板从壳体上取下	2			
随车充电枪装调	将主板放入壳体中	3			
	用螺栓固定主板	3			
	将充电线缆与主板连接	3			
	拧紧充电线缆与主板的固定螺栓	3			
	将三角插头连接线与主板连接	3			
	拧松三角插头连接线的固定螺栓	3			
	安装随车充电枪总成壳体后盖的8个螺栓	3			
随车充电枪测试	将随车充电枪总成三角插头插入家用插座	3			
	将充电枪插入车辆交流充电口	3			
	观察充电枪指示灯的显示状态	3			
	同步填写记录表信息	3			

（续）

评分项目	评分细项	配分	扣分		
			自评	互评	师评
随车充电枪测试	工具、仪器整齐、不落地	3			
	零部件整齐、不落地	3			
	复位工具仪器	3			
	清洁工作场地	3			
	收回安全警示牌	2			
	收回隔离栏	2			
总得分					
平均分					

任务二　交流充电桩总成的装调与测试

【学习目标】

知识目标：

1）掌握交流充电桩的主要组成部件。

2）掌握交流充电桩的电气原理图的读图方法。

技能目标：

1）具有分析电路图和引脚定义的能力。

2）具有正确装调和测试交流充电桩的能力。

素养目标：

1）能够在工作过程中与小组其他成员合作、交流，养成团队合作意识，锻炼沟通能力。

2）养成认识问题、分析问题和解决问题的能力。

3）7S 管理的工作习惯。

4)养成一丝不苟、精益求精的工匠精神。

【任务描述】

一充电桩生产企业接到一个订单,需要生产一批交流充电桩总成,作为一名生产技术工人,需要对这批交流充电桩总成进行装调与测试。

【获取信息】

一、交流充电桩主要部件

交流充电桩主要用于电动汽车交流慢充充电,集功率变换、充电控制、人机交互控制、通信、计费计量等于一体。主要由人机交互触摸屏、读卡器、电能计量模块、充电模块、通信模块、充电接口、控制模块和桩体组成,如图2-4所示。

人机交互界面可进行充电模式选择,充电状态显示。

设备有3种状态指示灯,分别是黄、绿、红灯,如图2-5所示。

黄灯为电源指示灯,设备上电后黄灯常亮。

绿灯为工作指示灯,正在充电时绿灯亮,充电停止时绿灯灭。

红灯为故障指示灯,设备出现故障时红灯亮,设备故障消除时红灯灭。

图2-4 交流充电桩

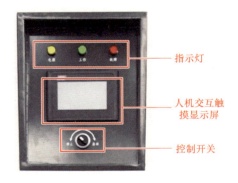
图2-5 控制面板

交流充电枪如图2-6所示。

急停开关如图2-7所示。机器发生漏电,发生起火、触电等异常状况,无法停止充电、内部电路短路等异常状况时,应立即按下急停开关。

非充电状态按下急停开关时,故障灯亮,液晶显示屏跳转到故障界面。当危急状况解除时,需旋转急停开关,否则无法继续进行充电。

新能源汽车充电技术

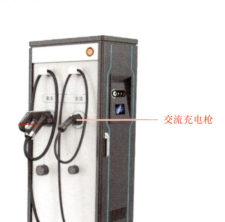

图 2-6 交流充电枪

图 2-7 急停开关

交流充电桩的内部主要部件如图 2-8 所示，主要有输入交流接触器、断路器、电度表、电源、门停开关、AC 控制盒等，电流从左侧的交流充电桩电源接口流入交流充电桩，从右侧的交流充电枪流出。

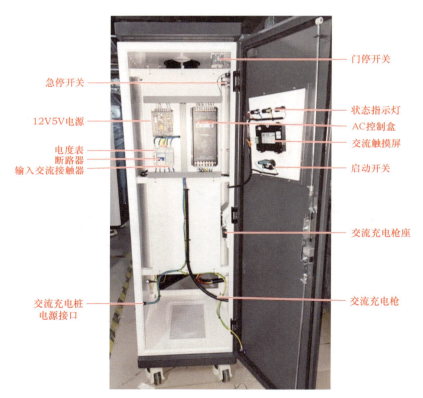

图 2-8 交流充电桩的内部主要部件

二、交流充电桩电气原理图

交流充电桩电气原理图以 AC 控制盒为中心，将充电桩各电气组成部件连接在一起，门控开关、急停开关、断路器、接触器等接 AC 控制盒的输入端，充电枪接 AC 控制盒的输出端，显示屏、状态指示灯等接 AC 控制盒的上端接线柱，如图 2-9 所示。

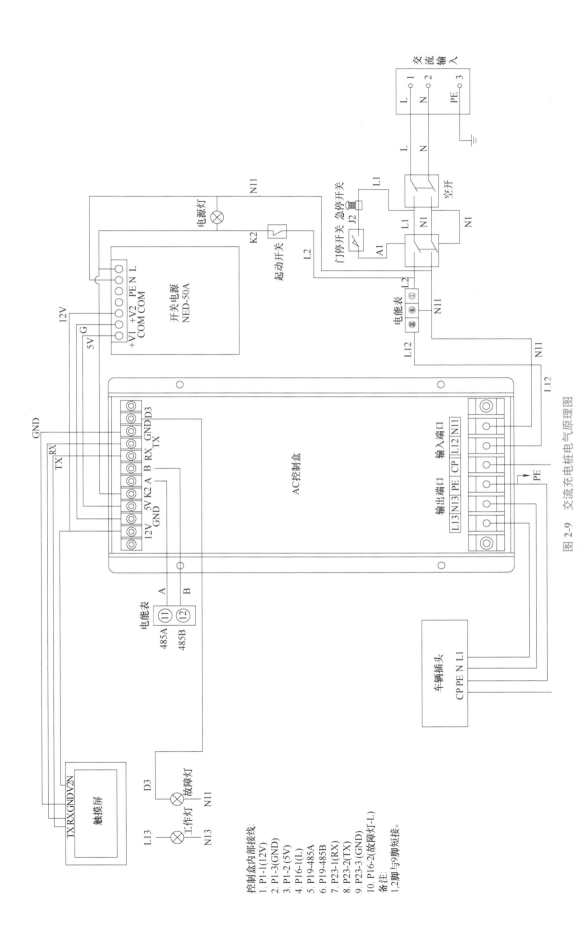

图 2-9 交流充电桩电气原理图

新能源汽车充电技术

交流充电桩总成的装调与测试	学习任务单	班级： 姓名：

1. 交流充电桩电气原理图以_____为中心，将充电桩各电气组成部件连接在一起，门控开关、急停开关、断路器、接触器等接 AC 控制盒的_____端，充电枪接 AC 控制盒的输出端，_____、状态指示灯等接 AC 控制盒的上端接线柱。

2. 根据所学知识，将恰当内容填入下图框中。

扫一扫

交流充电桩总成的装调与测试

【任务实施】 **交流充电桩总成的装调与测试**

实训器材

交直流充电桩、万用表、绝缘电阻测试仪、常用工具和技术资料等。

作业准备

穿绝缘鞋进入工位，设置隔离栏，放置安全警示牌，检查干粉灭火器，检查工具、设备。

【注意事项】

注重每一个细节，精益求精，力争完美。

项目二 充电系统的装调与测试

【操作步骤】

一、柜体电气元件装调与测试

序号	操作示意图	操作方法	标准
1		安装 AC 控制盒	正确安装元件
2		安装开关电源	正确安装元件
3		闭合断路器，测量端子1、2 和 3、4 间的电阻值并记录，分离断路器	正确安装元件，测量结果正常
4		测量接触器 A1 与 A2 间的电阻值并记录，安装接触器	正确安装元件，测量结果正常

41

（续）

序号	操作示意图	操作方法	标准
5		安装电能表	正确安装元件
6		检查门停开关功能，安装门停开关	正确安装元件
7		检查急停开关功能	急停开关正常工作

二、柜门电气元件装调与测试

序号	操作示意图	操作方法	标准
1		测量起动开关通断阻值并记录	起动状态：3、4间电阻值<1Ω 停止状态：3、4间电阻值为∞
2		安装起动开关	正确安装元件

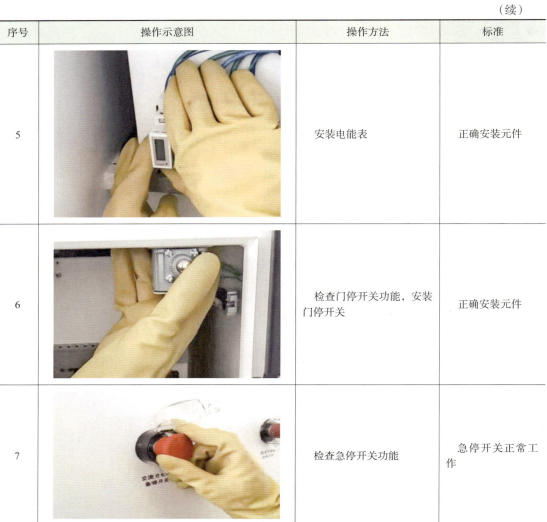

项目二　充电系统的装调与测试

（续）

序号	操作示意图	操作方法	标准
3	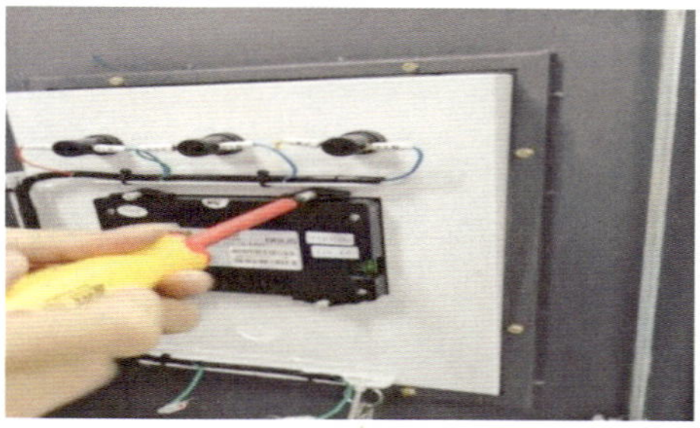	安装触摸屏	正确安装元件
4	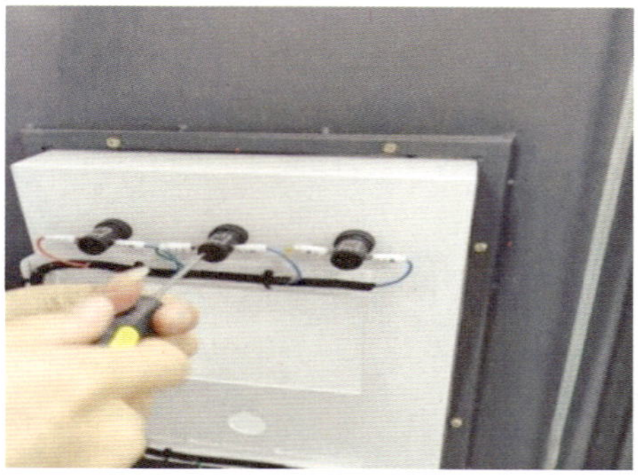	安装电源指示灯	正确安装元件

三、线束装调与测试

序号	操作示意图	操作方法	标准
1	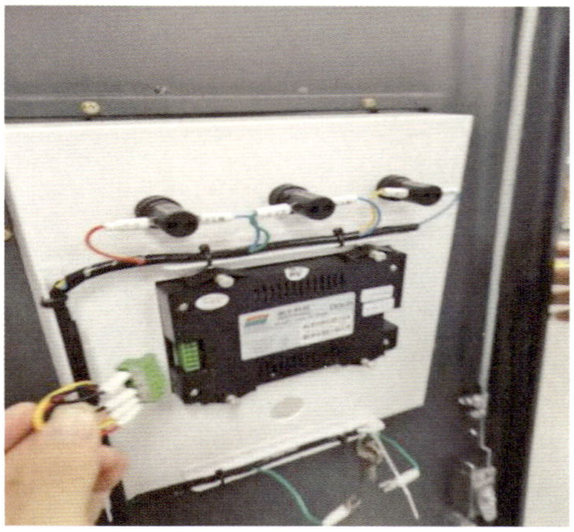	安装桩门线束（桩门上连接3个指示灯、触摸屏和起动开关，桩内连接AC控制盒、开关电源、接触器和急停开关）	元件安装到位，线束连接到位
2	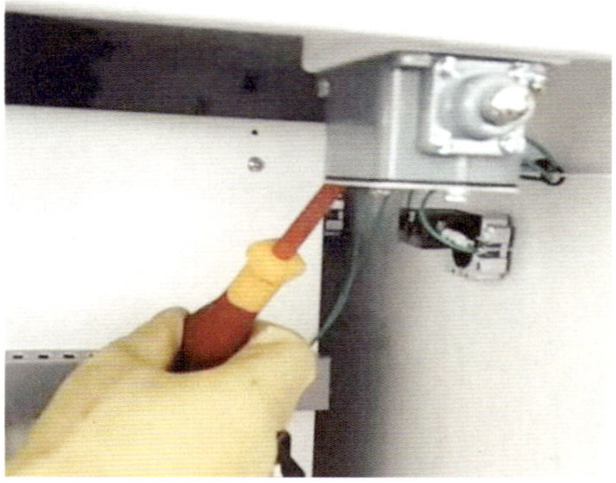	安装门停开关线（连接门停开关和接触器A1）	元件安装到位，线束连接到位

43

（续）

序号	操作示意图	操作方法	标准
3		安装 J2 线（连接门停开关和急停开关）	元件安装到位，线束连接到位
4		安装 5V 电源线和接地线（连接 AC 控制盒和开关电源）	元件安装到位，线束连接到位
5		安装电能表 A 线和电能表 B 线（连接 AC 控制盒和电能表）	元件安装到位，线束连接到位
6		安装 L12 线（连接电能表和 AC 控制盒）	线束连接到位
7		安装 L1 线（连接断路器、接触器和急停开关）	线束连接到位

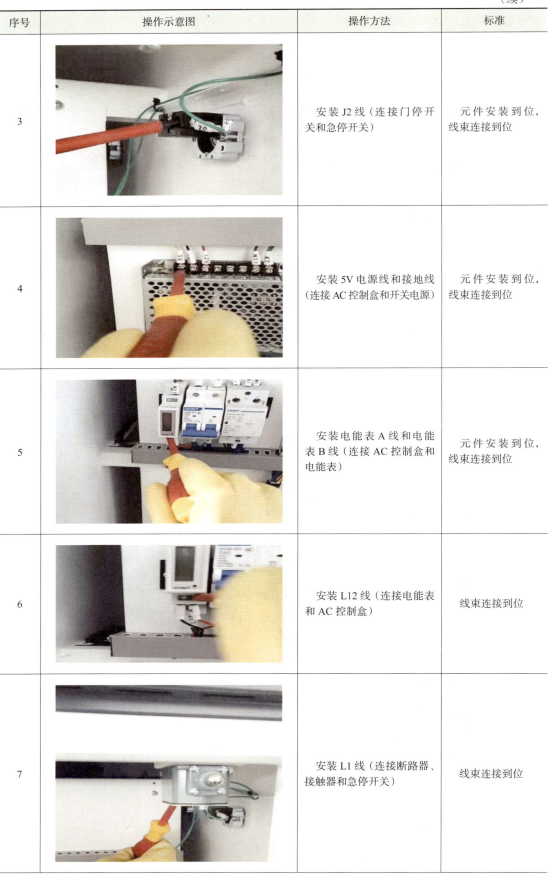

（续）

序号	操作示意图	操作方法	标准
8		安装 N1 线（连接断路器和接触器）	线束连接到位
9		测量充电桩外壳与桩门间的电阻值	<1Ω

四、交流充电枪装调与测试

序号	操作示意图	操作方法	标准
1		安装交流充电枪座	螺栓紧固到位
2		测量交流充电枪 L 线与 PE 线之间的绝缘电阻值	≥20mΩ

(续)

序号	操作示意图	操作方法	标准
3		测量交流充电枪 N 线与 PE 线之间的绝缘电阻值	≥20mΩ
4		安装交流充电枪	螺栓紧固到位
5		安装交流充电电源接口	

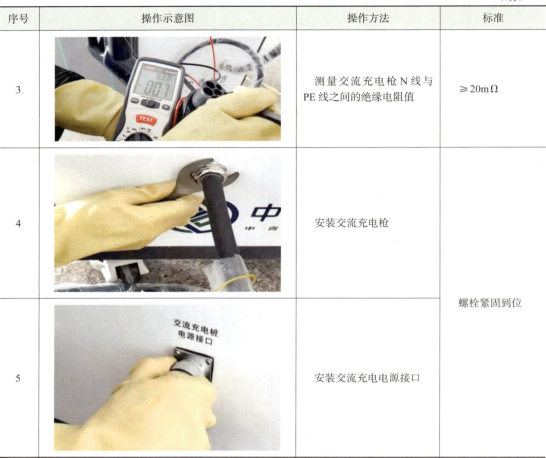

五、充电功能测试

1. 通电检查

序号	操作示意图	操作方法	标准
1		闭合交流充电桩的断路器，确认急停开关处于接通状态	急停开关处于接通状态
2		将电源线连接到 AC 220V 供电	电源线连接到位

项目二　充电系统的装调与测试

（续）

序号	操作示意图	操作方法	标准
3	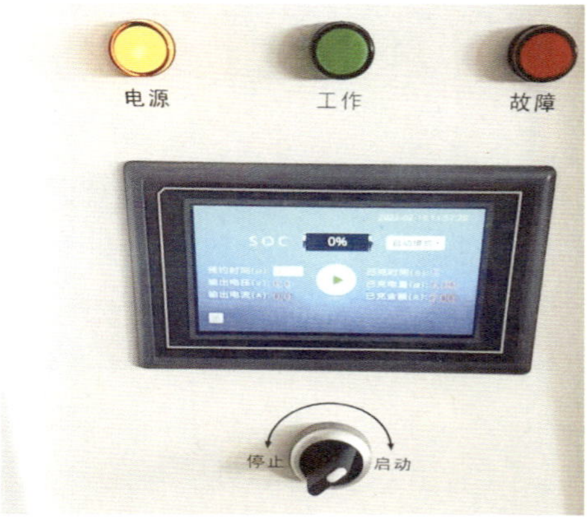	观察电源指示灯是否亮，接通起动开关，检查工作指示灯是否亮，触摸屏是否显示	指示灯亮，触摸屏显示正常
4	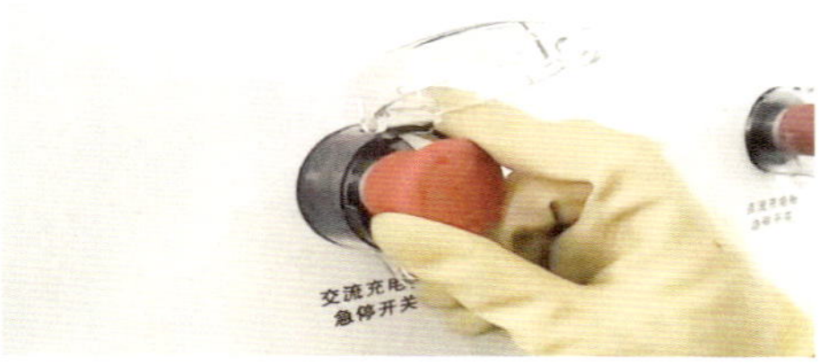	检查门停开关和急停开关功能	功能正常
5	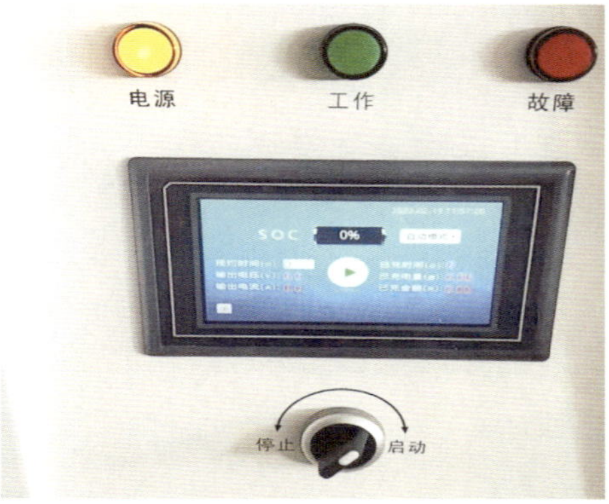	按照装配图，操作触摸屏进行各项设置	各项设置正常

2. 充电测试

序号	操作示意图	操作方法	标准
1	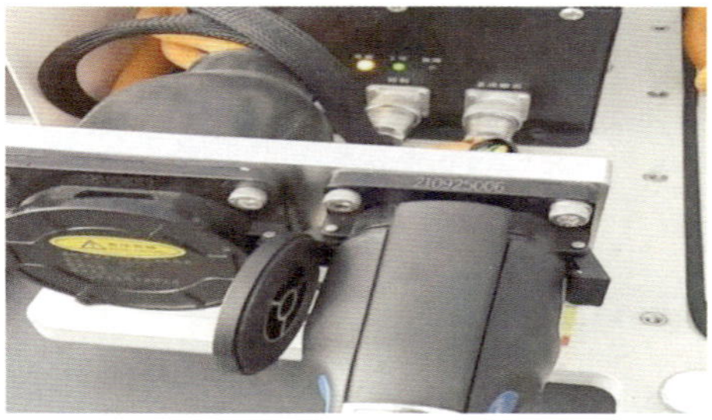	将充电枪连接到动力蓄电池组的交流充电口	充电枪连接到位
2	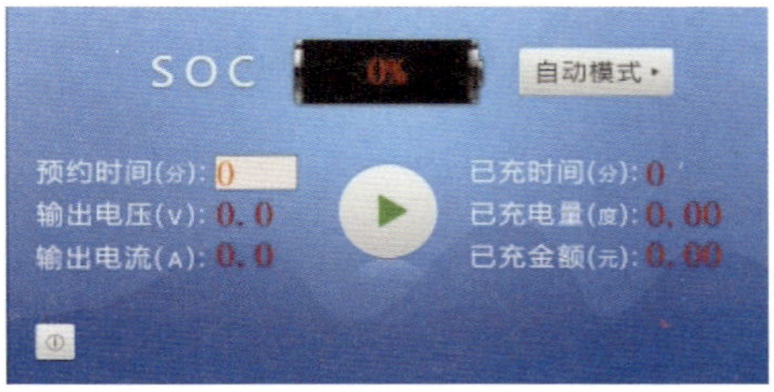	观察触摸屏是否显示连接成功，操作触摸屏设置充电参数，观察并记录充电参数是否与设置值一致	充电参数显示正常

47

交流充电桩总成的装调与测试	工作任务单	班级：
		姓名：

1. 充电桩信息记录

2. 作业场地准备

检查、设置隔离栏	□是 □否
检查、设置安全警示牌	□是 □否
检查灭火器压力、有效期	□是 □否

3. 记录柜体电气元件装配与测试相关数据

4. 记录柜门电气元件装配与测试相关数据

5. 记录线束装配与测试相关数据

6. 记录交流充电枪装配与测试相关数据

7. 记录充电功能测试相关数据

8. 作业场地恢复

将高压警示牌等放至原位置	□是 □否
清洁、整理场地	□是 □否

【课证融通考评单】 交流充电桩总成的装调与测试		实习日期：		
姓名：	班级：	学号：	教师签名：	
自评：□熟练　□不熟练	互评：□熟练　□不熟练	师评：□合格　□不合格		
日期：	日期：	日期：		

评分项目	评分细项	配分	扣分		
			自评	互评	师评
准备工作	穿戴绝缘鞋进入工位	0.5			
	进入工位后设置隔离栏	0.5			
	放置安全警示牌	0.5			
	检查干粉灭火器	0.5			
	检查绝缘手套耐压等级	0.5			
	检查绝缘手套密封性	0.5			
	检查酸碱性手套	0.5			
	检查护目镜	0.5			
	检查安全帽	0.5			
	进行绝缘电阻测试仪开路检查	0.5			
	进行绝缘电阻测试仪短路检查	0.5			
	进行接地电阻测试仪开路检查	0.5			
	进行接地电阻测试仪短路检查	0.5			
	进行万用表校零	0.5			
	检查工具的完整性	0.5			
柜体电气元件装调与测试	检查并安装 AC 控制盒	1			
	检查并安装开关电源	1			
	检查并安装电能表	1			
	测量断路器闭合状态 1、2 间电阻值	1			
	测量断路器闭合状态 3、4 间电阻值	1			
	测量断路器断开状态 1、2 间电阻值	1			
	测量断路器断开状态 3、4 间电阻值	1			
	安装断路器	1			
	测量交流接触器 A1、A2 间电阻值	1			
	安装交流接触器	1			
	测量急停开关闭合状态 1、2 间电阻值	1			
	测量急停开关断开状态 1、2 间电阻值	1			
	安装急停开关	1			
	测量门停开关闭合状态 3、4 间电阻值	1			
	测量门停开关断开状态 3、4 间电阻值	1			
	安装门停开关	1			

（续）

评分项目	评分细项	配分	扣分		
			自评	互评	师评
柜门电气元件装调与测试	检查并安装触摸屏	1			
	测量起动开关起动状态 3、4 间电阻值	1			
	测量起动开关停止状态 3、4 间电阻值	1			
	安装起动开关	1			
	检查并安装电源指示灯	1			
	检查并安装工作指示灯	1			
	检查并安装故障指示灯	1			
线束连接与测试	检查并安装 220V 电源线束	1			
	检查并安装电能表输出线束	1			
	检查并安装触摸屏线束	1			
	检查并安装 AC 控制盒输入线束	1			
	检查并安装 AC 控制盒电源线束	1			
	检查并安装电能表通信线束	1			
	检查并安装接地线束	1			
	检查并安装充电枪线束	1			
	测量断路器输入端 L 线对壳体绝缘电阻值	1			
	测量断路器输入端 N 线对壳体绝缘电阻值	1			
	测量交流接触器输入端 L 线对壳体绝缘电阻值	1			
	测量交流接触器输入端 N 线对壳体绝缘电阻值	1			
	测量开关电源输入端 L 线对壳体绝缘电阻值	1			
	测量开关电源输入端 N 线对壳体绝缘电阻值	1			
	测量电能表输入端 L 线对壳体绝缘电阻值	1			
	测量电能表输出端 L 线对壳体绝缘电阻值	1			
	测量电能表 N 线对壳体绝缘电阻值	1			
	测量 AC 控制盒输入端 L 线对壳体绝缘电阻值	1			
	测量 AC 控制盒输入端 N 线对壳体绝缘电阻值	1			
	测量 AC 控制盒 PE 线对柜体接地点电阻值	1			
	测量柜门 PE 线对柜体接地点电阻值	1			
交流充电枪装调与测试	测量交流充电枪 L 线对柜体接地点绝缘电阻值	1			
	测量交流充电枪 N 线对柜体接地点绝缘电阻值	1			
	测量交流充电枪 PE 线对柜体接地点电阻值	1			
	测量充电枪 CC 线与 PE 线间未按下开关时电阻值	1			
	测量充电枪 CC 线与 PE 线间按下开关时电阻值	1			

（续）

评分项目	评分细项	配分	扣分 自评	扣分 互评	扣分 师评
充电功能测试	接通充电桩 220V 输入电源	1			
	检查并闭合断路器	1			
	检查并关闭柜门	1			
	打开起动开关	1			
	检查电源指示灯状态	1			
	检查触摸屏状态	1			
	进行急停开关功能测试	1			
	进行门停开关功能测试	1			
	进行标准模式充电测试	1			
	进行时间模式充电测试	1			
	进行金额模式充电测试	1			
	进行电量模式充电测试	1			
	进行时长模式充电测试	1			
	关闭起动开关	1			
	断开充电桩 220V 输入电源	1			
作业规范	设备完好无损	1			
	操作人员安全规范操作	1			
	请示考官后上电	1			
	同步填写记录表信息	1			
	工具仪器落地，累计扣分	1			
	零部件落地，累计扣分	1			
	复位工具仪器	1			
	清洁工作场地	0.5			
	收回安全警示牌	0.5			
	收回隔离栏	0.5			
过程记录	绝缘手套耐压等级：AC1000V	0.5			
	万用表校零电阻值：<1Ω	0.5			
	断路器闭合状态 1、2 间电阻值：<1Ω	0.5			
	断路器闭合状态 3、4 间电阻值：<1Ω	0.5			
	断路器分离状态 1、2 间电阻值：∞	0.5			
	断路器分离状态 3、4 间电阻值：∞	0.5			
	交流接触器 A1、A2 间电阻值：1200Ω	0.5			
	急停开关闭合状态 1、2 间电阻值：<1Ω	0.5			

（续）

评分项目	评分细项	配分	扣分		
			自评	互评	师评
过程记录	急停开关断开状态 1、2 间电阻值：∞	0.5			
	门停开关闭合状态 3、4 间电阻值：<1Ω	0.5			
	门停开关断开状态 3、4 间电阻值：∞	0.5			
	起动开关起动状态 3、4 间电阻值：<1Ω	0.5			
	起动开关停止状态 3、4 间电阻值：∞	0.5			
	断路器输入端 L 线与壳体间绝缘电阻值：≥20MΩ	0.5			
	断路器输入端 N 线与壳体间绝缘电阻值：≥20MΩ	0.5			
	交流接触器输入端 L 线与壳体间绝缘电阻值：≥20MΩ	0.5			
	交流接触器输入端 N 线与壳体间绝缘电阻值：≥20MΩ	0.5			
	开关电源输入端 L 线与壳体间绝缘电阻值：≥20MΩ	0.5			
	开关电源输入端 N 线与壳体间绝缘电阻值：≥20MΩ	0.5			
	电能表输入端 L 线与壳体间绝缘电阻值：≥20MΩ	0.5			
	电能表输出端 L 线与壳体间绝缘电阻值：≥20MΩ	0.5			
	电能表 N 线与壳体间绝缘电阻值：≥20MΩ	0.5			
	AC 控制盒输入端 L 线与壳体间绝缘电阻值：≥20MΩ	0.5			
	AC 控制盒输入端 N 线与壳体间绝缘电阻值：≥20MΩ	0.5			
	AC 控制盒 PE 线与柜体接地点间电阻值：<1Ω	0.5			
	柜门 PE 线与柜体接地点间电阻值：<1Ω	0.5			
	交流充电枪 L 线与柜体接地点间绝缘电阻值：≥20MΩ	0.5			
	交流充电枪 N 线与柜体接地点间绝缘电阻值：≥20MΩ	0.5			
	交流充电枪 PE 线与柜体接地点间电阻值：<1Ω	0.5			
	充电枪 CC 线与 PE 线间未按下开关时电阻值：220Ω	0.5			
	充电枪 CC 线与 PE 线间按下开关时电阻值：3500Ω	0.5			
	电源指示灯状态：正常	0.5			
	触摸屏状态：正常	0.5			
	急停开关功能测试：正常	0.5			
	门停开关功能测试：正常	0.5			
	标准模式充电测试：正常	0.5			
	时间模式充电测试：正常	0.5			
	金额模式充电测试：正常	0.5			
	电量模式充电测试：正常	0.5			
	时长模式充电测试：正常	0.5			
总得分					
平均分					

项目二 充电系统的装调与测试

任务三　车载充电机总成的装调与测试

【学习目标】

知识目标：

1）掌握车载充电机的主要特点。

2）掌握车载充电机的组成。

技能目标：

1）具有熟练识别车载充电机各零部件的能力。

2）具有正确进行车载充电机装调与测试的能力。

素养目标：

1）能够在工作过程中与小组其他成员合作、交流，养成团队合作意识，锻炼沟通能力。

2）养成认识问题、分析问题和解决问题的能力。

3）7S 管理的工作习惯。

4）养成一丝不苟、精益求精的工匠精神。

【任务描述】

一车载充电机生产企业接到一个订单，需要生产一批车载充电机总成，作为一名生产技术工人，需要对这批车载充电机总成进行装调与测试。

【获取信息】

一、车载充电机主要特点

1）模块控制部分与输入、输出主电路采用全隔离设计，这样可以有效地保证当由于外部因素对模块的输入、输出部分产生过电压时，模块内部控制电路不会损坏。

2）采用了防逆流保护措施，这样可以有效地防止各种故障运行状态时发生电流倒灌现象，有效地保护了系统和模块，增强了系统的可靠性和安全性。

3）采用手动和自动工作模式，这样可以防止 BMS 通信不正常情况下充电机不能工作，当 BMS 通信出现问题时，可以采用手动进行充电（车辆必须支持手动充电，才能用手动功能）。

4）保护功能强，具有输入过压、欠压，输出过压、欠压，过流，短路，反接保护，过温保护功能。

二、吉利 EV450 纯电动汽车车载充电机的组成

吉利 EV450 纯电动汽车车载充电机的组成如图 2-10 所示，主要包括上壳体、下壳体、水道端盖、电气主板、各插接器插座、水道接口等。

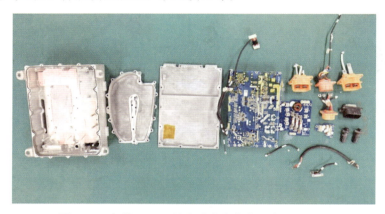

图 2-10　吉利 EV450 纯电动汽车车载充电机的组成

车载充电机总成的装调与测试	学习任务单	班级： 姓名：

1. 吉利 EV450 纯电动汽车车载充电机模块控制部分与输入、输出主电路采用_____设计，这样可以有效地保证当由于_____对模块的输入、输出部分产生过电压时，模块内部控制电路不会损坏；采用了_____措施，这样可以有效地防止各种故障运行状态时发生电流倒灌现象，有效地保护了系统和模块，增强了系统的可靠性和安全性。

2. 根据所学知识，将恰当内容填入下图框中。

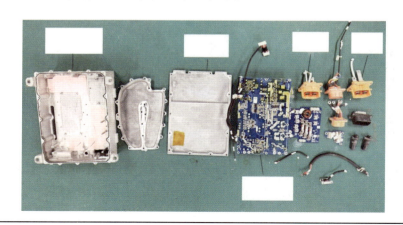

项目二　充电系统的装调与测试

扫一扫

【任务实施】　**车载充电机总成的装调与测试**

实训器材

万用表、绝缘电阻测试仪、常用工具和技术资料等。

作业准备

穿绝缘鞋进入工位，设置隔离栏，放置安全警示牌，检查干粉灭火器，检查工具、设备。

车载充电机总成的装调与测试

【操作步骤】

【注意事项】

注重每一个细节，精益求精，力争完美。

一、车载充电机的拆解

序号	操作示意图	操作方法	标准
1		拆卸上壳体的固定螺栓	规范地拆卸螺栓
2		取下上壳体	壳体取下
3		拆卸保险主板相关连接线	规范地取下连接线

55

（续）

序号	操作示意图	操作方法	标准
4		拆卸保险主板	规范地拆卸元件
5		取下保险主板	规范地取下元件
6		拆卸PTC、压缩机插接器插座	规范地拆卸元件
7		拆卸动力蓄电池插接器插座	规范地拆卸元件
8		拆卸下壳体螺栓	规范地拆卸螺栓

项目二 充电系统的装调与测试

（续）

序号	操作示意图	操作方法	标准
9		取下下壳体	规范地取下元件
10		拆卸主板	规范地拆卸元件
11		取下主板	规范地取下元件

二、车载充电机装调

序号	操作示意图	操作方法	标准
1		安装主板	规范地安装元件
2		安装下壳体	规范地安装元件

57

（续）

序号	操作示意图	操作方法	标准
3		安装相关插接器插座	规范地安装元件
4		安装保险主板	规范地安装元件
5		安装保险主板相关连接线	规范地安装元件
6		安装上壳体	规范地安装元件

项目二　充电系统的装调与测试

三、车载充电机测试

序号	操作示意图	操作方法	标准
1		将车载充电机总成安装在车上	规范地安装充电机
2		检查车辆是否能够整车上电行驶	正常上电

车载充电机总成的装调与测试	工作任务单	班级：
		姓名：

1. 车载充电机信息记录

2. 作业场地准备

检查、设置隔离栏	□是　□否
检查、设置安全警示牌	□是　□否
检查灭火器压力、有效期	□是　□否

3. 记录车载充电机拆解相关数据

4. 记录车载充电机装调相关数据

5. 记录车载充电机测试相关数据

6. 作业场地恢复

将高压警示牌等放至原位置	□是　□否
清洁、整理场地	□是　□否

【课证融通考评单】车载充电机总成的装调与测试		实习日期：		
姓名：	班级：	学号：		教师签名：
自评：□熟练 □不熟练	互评：□熟练 □不熟练	师评：□合格 □不合格		
日期：	日期：	日期：		

评分项目	评分细项	配分	扣分		
			自评	互评	师评
准备工作	穿戴绝缘鞋进入工位	2			
	进入工位后设置隔离栏	2			
	放置安全警示牌	2			
	检查干粉灭火器	2			
	检查绝缘手套耐压等级	2			
	检查绝缘手套密封性	2			
	检查酸碱性手套	2			
	检查护目镜	2			
	检查安全帽	2			
	进行绝缘电阻测试仪开路检查	2			
	进行绝缘电阻测试仪短路检查	2			
	进行接地电阻测试仪开路检查	2			
	进行接地电阻测试仪短路检查	2			
	进行万用表校零	2			
	检查工具完整性	2			
车载充电机解体	拆卸上壳体的固定螺栓	2			
	取下上壳体	2			
	拆卸保险主板相关连接线	2			
	拆卸保险主板	2			
	取下保险主板	2			
	拆卸PTC、压缩机插接器插座	2			
	拆卸动力蓄电池插接器插座	2			
	拆卸下壳体螺栓	2			
	取下下壳体	2			
	拆卸主板	2			
	取下主板	2			
车载充电机装调	安装主板	2			
	安装下壳体	2			
	安装相关插接器插座	2			
	安装保险主板	2			
	安装保险主板相关连接线	2			
	安装上壳体	2			
车载充电机测试	将车载充电机总成安装在车上	2			
	检查车辆是否能够整车上电行驶	2			

（续）

评分项目	评分细项	配分	扣分		
			自评	互评	师评
作业规范	设备完好无损	5			
	操作人员安全规范操作	5			
	请示考官后上电	5			
	同步填写记录表信息	3			
	工具仪器整齐、不落地	3			
	零部件整齐、不落地	3			
	复位工具仪器	2			
	清洁工作场地	2			
	收回安全警示牌	2			
	收回隔离栏	2			
总得分					
平均分					

任务四　直流充电桩总成的装调与测试

【学习目标】

知识目标：

1）掌握直流充电桩的组成。

2）掌握直流充电桩电气原理图的读图方法。

技能目标：

1）具有熟练分析电路图和引脚定义的能力。

2）具有正确装调与测试直流充电桩的能力。

素养目标：

1）能够在工作过程中与小组其他成员合作、交流，养成团队合作意识，锻炼沟通能力。

2）养成认识问题、分析问题和解决问题的能力。

3）7S 管理的工作习惯。

4）养成一丝不苟、精益求精的工匠精神。

【任务描述】

一充电桩生产企业接到一个订单,需要生产一批直流充电桩总成,作为一名生产技术工人,需要对这批直流充电桩总成进行装调与测试。

【获取信息】

一、直流充电桩主要部件

直流充电桩主要用于电动汽车直流快速充电,集功率变换、充电控制、人机交互控制、通信、计费计量等于一体,主要由人机交互触摸屏、读卡器、电能计量模块、充电模块、通信模块、充电接口、控制模块和桩体组成,如图2-11所示。

人机交互界面可进行充电模式选择和充电状态显示。

设备有3种状态指示灯,分别是黄、绿、红灯,如图2-12所示。

黄灯为电源指示灯,设备上电后黄灯常亮。

绿灯为工作指示灯,正在充电时绿灯亮,充电停止时绿灯灭。

红灯为故障指示灯,设备出现故障时红灯亮,设备故障消除时红灯灭。

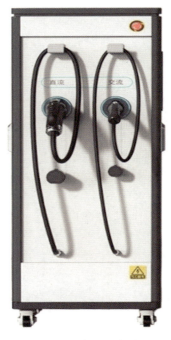

图2-11 直流充电桩

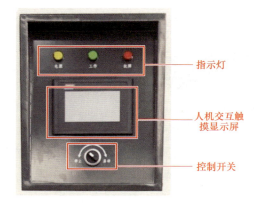

图2-12 充电桩面板

直流充电枪如图2-13所示。

急停开关如图2-14所示。机器发生漏电,发生起火、触电等异常状况,无法停止充电、内部电路短路等异常状况时,应立即按下急停开关。

非充电状态按下急停开关时,故障灯亮,液晶显示屏跳转到故障界面。当危急状况解除时,需旋转急停开关,否则无法继续进行充电。

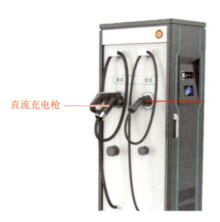

图 2-13 直流充电枪

图 2-14 急停开关

直流充电桩的内部主要部件如图 2-15 所示,主要有输入交流接触器、断路器、充电模块、门停开关、DC 控制盒、辅助电源、散热风扇等,电流从右侧的直流充电桩电源接口流入直流充电桩,从左侧的直流充电枪流出。

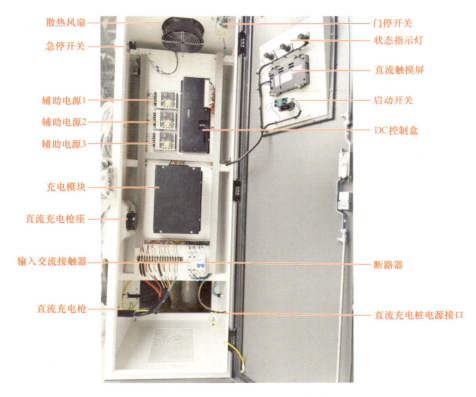

图 2-15 直流充电桩内部主要部件

二、直流充电桩电气原理图

直流充电桩电气原理图以 DC 控制盒为中心,将充电桩各电气组成部件连接在一起,DC 控制盒的端口定义如图 2-16 左侧所示,辅助电源、指示灯和电源模块都有相应连接位置,输出端子与充电枪端子一一对应连接。

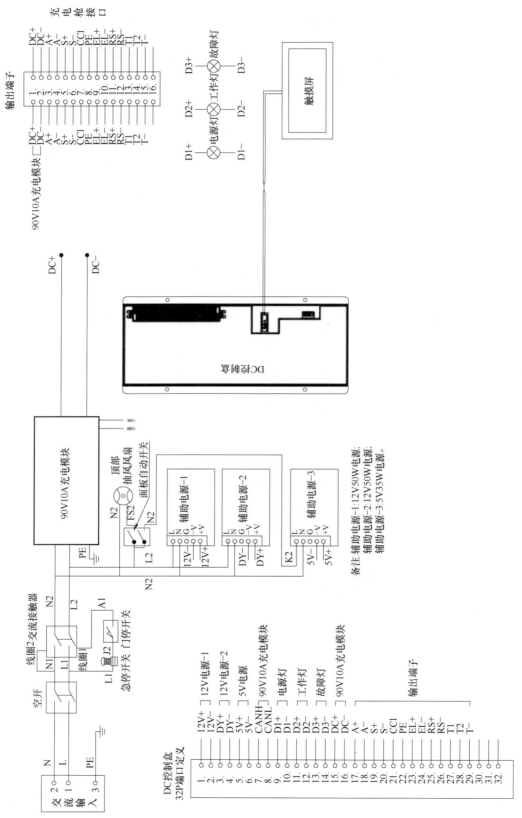

图 2-16 直流充电桩电气原理图

项目二　充电系统的装调与测试

直流充电桩总成的装调与测试	学习任务单	班级：
		姓名：

1. 直流充电桩电气原理图以_____为中心，将充电桩各电气组成部件连接在一起，_____、_____和_____都有相应连接位置，输出端子与充电枪端子一一对应连接。

2. 根据所学知识，将恰当内容填入下图框中。

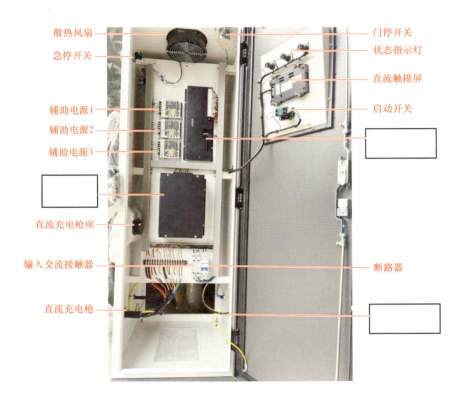

新能源汽车充电技术

扫一扫
直流充电桩总成的装调与测试

【任务实施】 直流充电桩总成的装调与测试

实训器材

万用表、绝缘电阻测试仪、常用工具和技术资料等。

作业准备

穿绝缘鞋进入工位，设置隔离栏，放置安全警示牌，检查干粉灭火器，检查工具、设备。

【注意事项】

注重每一个细节，精益求精，力争完美。

【操作步骤】

一、柜体电气元件装配与测试

序号	操作示意图	操作方法	标准
1		安装 DC 控制盒	规范地安装元件
2		安装 12V-1 开关电源	
3		安装 12V-2 开关电源	

66

（续）

序号	操作示意图	操作方法	标准
4		安装 5V-3 开关电源	规范地安装元件
5		安装充电模块	
6		闭合断路器，测量端子1、2 和 3、4 间的电阻值并记录	<1Ω
7		分离断路器，测量端子1、2 和 3、4 间的电阻值并记录	∞
8		安装断路器，连接端子	规范地安装元件

序号	操作示意图	操作方法	标准
9		测量接触器 A1、A2 间的电阻值并记录，安装接触器，连接端子	规范地测量
10		测量急停开关状态	急停开关正常
11		安装急停开关	规范地安装急停开关
12		测量门停开关状态，安装门停开关	规范地测量

二、柜门电气元件装配与测试

序号	操作示意图	操作方法	标准
1		测量起动开关通断阻值并记录	起动状态：1、2 间电阻值 <1Ω，3、4 间电阻值 <1Ω 停止状态：1、2 间电阻值为 ∞，3、4 间电阻值为 ∞

项目二 充电系统的装调与测试

（续）

序号	操作示意图	操作方法	标准
2		安装起动开关	规范地安装元件
3		安装触摸屏	
4		安装电源指示灯	

三、线束装配与测试

序号	操作示意图	操作方法	标准
1		安装桩门线束（门上线束连接指示灯、触摸屏和起动开关，桩内连接DC控制盒、3个开关电源、接触器和散热风扇）	规范地安装元件

69

(续)

序号	操作示意图	操作方法	标准
2		安装控制线束（控制线束连接 DC 控制盒与充电枪接线板）	
3		安装电源线束（电源线束连接 3 个开关与 DC 控制盒）	线束安装牢固
4		安装直流输出线束（直流输出线束连接充电模块与充电枪接线板）	
5		安装模块供电通信线束（模块供电通信线束连接 DC 控制盒与充电模块）	

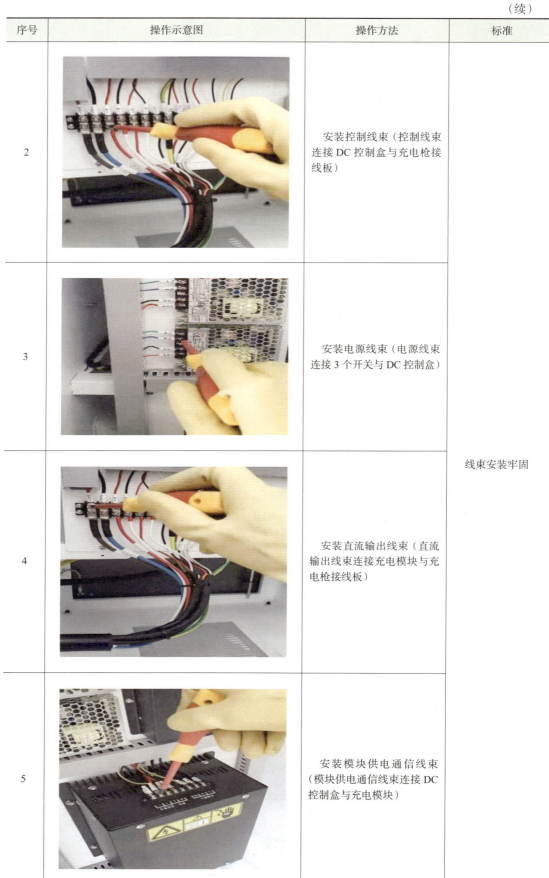

（续）

序号	操作示意图	操作方法	标准
6		安装开关线束（开关线束连接急停开关和门停开关）	线束安装牢固
7		安装N2线束（N2线束连接触器、充电模块和3个开关电源）	
8		安装L1线束（L1线束连接断路器、接触器和急停开关）	
9		安装N1线束（N1线束连接断路器和接触器）	

四、直流充电枪装配与测试

序号	操作示意图	操作方法	标准
1		安装直流充电枪座	充电枪安装牢固
2		按下锁止开关,测量直流充电枪 CC1 线与 PE 线间电阻值	∞
3		松开锁止开关,测量直流充电枪 CC1 线与 PE 线间电阻值	1000Ω 左右
4		测量直流充电枪 CC2 线与 PE 线间电阻值	

项目二　充电系统的装调与测试

（续）

序号	操作示意图	操作方法	标准
5	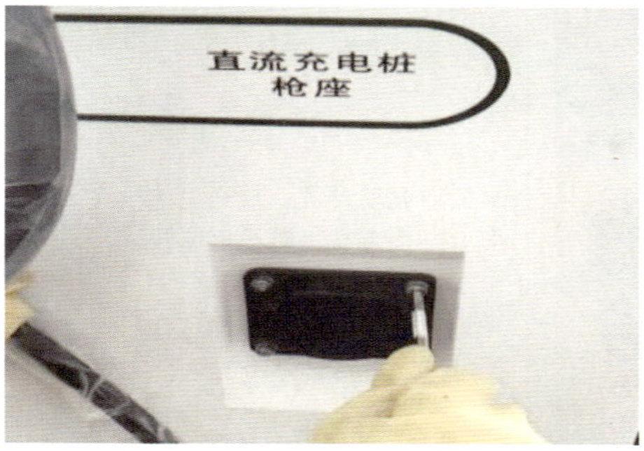	安装直流充电枪，安装直流充电电源接口	安装到位

五、充电功能测试

1. 通电检查

序号	操作示意图	操作方法	标准
1	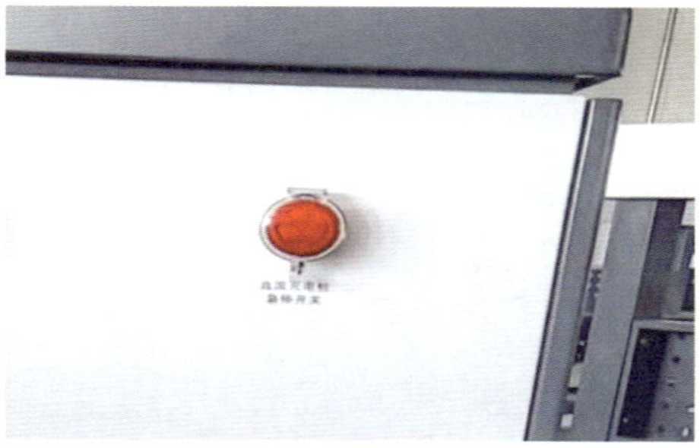	闭合直流充电桩的断路器，确认急停开关处于接通状态	急停开关处于接通状态
2		将电源线连接到AC220V供电	电源连接到位
3	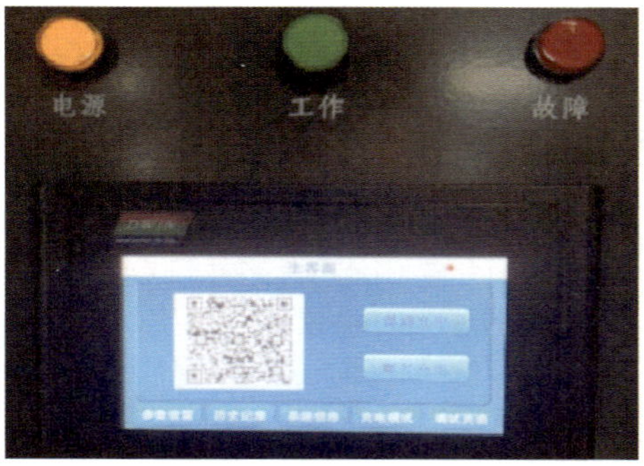	观察电源指示灯是否亮	指示灯亮

（续）

序号	操作示意图	操作方法	标准
4	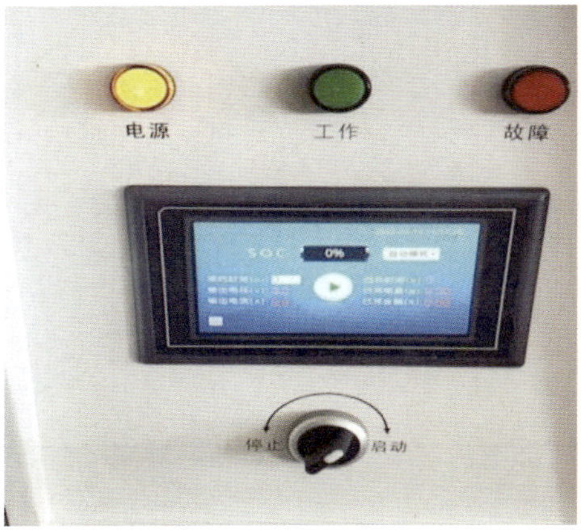	接通起动开关，检查工作指示灯是否亮、触摸屏是否显示，检查门停开关和急停开关功能，按照装配图，操作触摸屏进行各项设置	触摸屏操作正常

2. 充电测试

序号	操作示意图	操作方法	标准
1	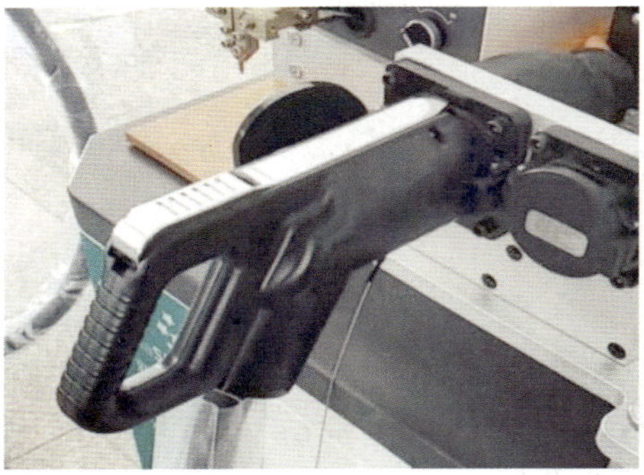	将充电枪连接到动力蓄电池组的直流充电口	充电枪连接到位
2	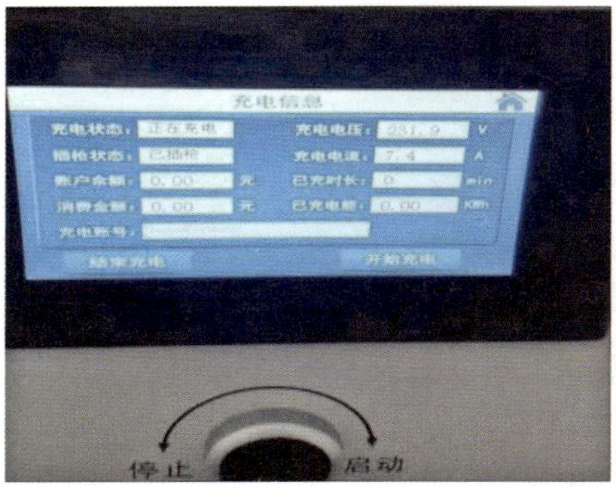	观察触摸屏是否显示连接成功	显示连接成功
3	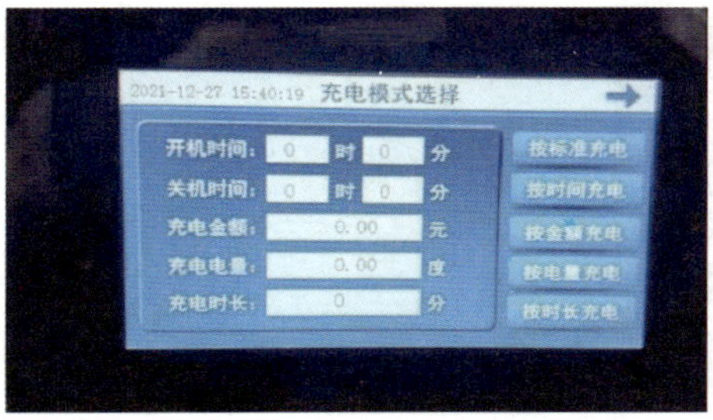	操作触摸屏设置充电参数，观察并记录充电参数是否与设置值一致	显示数值一致

直流充电桩总成的装调与测试	工作任务单	班级：
		姓名：

1. 充电桩信息记录

2. 作业场地准备

检查、设置隔离栏	□是 □否
检查、设置安全警示牌	□是 □否
检查灭火器压力、有效期	□是 □否

3. 记录柜体电气元件装配与测试相关数据

4. 记录柜门电气元件装配与测试相关数据

5. 记录线束装配与测试相关数据

6. 记录直流充电枪装配与测试相关数据

7. 记录充电功能测试相关数据

8. 作业场地恢复

将高压警示牌等放至原位置	□是 □否
清洁、整理场地	□是 □否

【课证融通考评单】 直流充电桩总成的装调与测试		实习日期：	
姓名：	班级：	学号：	教师签名：
自评：□熟练 □不熟练	互评：□熟练 □不熟练	师评：□合格 □不合格	
日期：	日期：	日期：	

评分项目	评分细项	配分	扣分		
			自评	互评	师评
准备工作	穿戴绝缘鞋进入工位	0.5			
	进入工位后设置隔离栏	0.5			
	放置安全警示牌	0.5			
	检查干粉灭火器	0.5			
	检查绝缘手套耐压等级	1			
	检查绝缘手套密封性	1			
	检查酸碱性手套	1			
	检查护目镜	0.5			
	检查安全帽	0.5			
	进行绝缘电阻测试仪开路检查	0.5			
	进行绝缘电阻测试仪短路检查	0.5			
	进行接地电阻测试仪开路检查	0.5			
	进行接地电阻测试仪短路检查	0.5			
	进行万用表校零	0.5			
	检查工具完整性	0.5			
柜体电气元件装配与测试	检查并安装 DC 控制盒	0.5			
	检查并安装辅助电源 1	0.5			
	检查并安装辅助电源 2	0.5			
	检查并安装辅助电源 3	0.5			
	检查并安装充电模块	0.5			
	测量断路器闭合状态 1、2 间电阻值	0.5			
	测量断路器闭合状态 3、4 间电阻值	0.5			
	测量断路器断开状态 1、2 间电阻值	0.5			
	测量断路器断开状态 3、4 间电阻值	0.5			
	安装断路器	0.5			
	测量交流接触器 A1、A2 间电阻值	0.5			
	安装交流接触器	0.5			
	测量急停开关闭合状态 1、2 间电阻值	0.5			

（续）

评分项目	评分细项	配分	扣分		
			自评	互评	师评
柜体电气元件装配与测试	测量急停开关断开状态1、2间电阻值	0.5			
	安装急停开关	0.5			
	测量门停开关闭合状态3、4间电阻值	0.5			
	测量门停开关断开状态3、4间电阻值	0.5			
	安装门停开关	0.5			
柜门电气元件装配与测试	检查并安装触摸屏	0.5			
	测量起动开关起动状态1、2间电阻值	0.5			
	测量起动开关起动状态3、4间电阻值	0.5			
	测量起动开关停止状态1、2间电阻值	0.5			
	测量起动开关停止状态3、4间电阻值	0.5			
	安装起动开关	0.5			
	检查并安装电源指示灯	0.5			
	检查并安装工作指示灯	0.5			
	检查并安装故障指示灯	0.5			
线束装配与测试	检查并安装断路器线束	0.5			
	检查并安装交流接触器线束	0.5			
	检查并安装220V电源线束	0.5			
	检查并安装DC控制盒电源线束	0.5			
	检查并安装DC控制盒控制线束	0.5			
	检查并安装充电模块线束	0.5			
	检查并安装触摸屏线束	0.5			
	检查并安装急停线束	0.5			
	检查并安装接地线束	0.5			
	检查并安装充电枪线束	0.5			
	测量断路器输入端L线与壳体间绝缘电阻值	0.5			
	测量断路器输入端N线与壳体间绝缘电阻值	0.5			
	测量交流接触器输入端L线与壳体间绝缘电阻值	0.5			
	测量交流接触器输入端N线与壳体间绝缘电阻值	0.5			
	测量充电模块输入端L线与壳体间绝缘电阻值	0.5			
	测量充电模块输入端N线与壳体间绝缘电阻值	0.5			
	测量辅助电源1输入端L线与壳体间绝缘电阻值	0.5			
	测量辅助电源1输入端N线与壳体间绝缘电阻值	0.5			

(续)

评分项目	评分细项	配分	扣分 自评	扣分 互评	扣分 师评
线束装配与测试	测量辅助电源 2 输入端 L 线与壳体间绝缘电阻值	0.5			
	测量辅助电源 2 输入端 N 线与壳体间绝缘电阻值	0.5			
	测量辅助电源 3 输入端 L 线与壳体间绝缘电阻值	0.5			
	测量辅助电源 3 输入端 N 线与壳体间绝缘电阻值	0.5			
	测量 DC 控制盒 PE 线与柜体接地点间电阻值	0.5			
	测量充电模块 PE 线与柜体接地点间电阻值	0.5			
	测量柜门 PE 线与柜体接地点间电阻值	0.5			
直流充电枪装配与测试	测量直流充电枪 DC+ 与柜体接地点间绝缘电阻值	0.5			
	测量直流充电枪 DC− 与柜体接地点间绝缘电阻值	0.5			
	测量直流充电枪 PE 线与柜体接地点间电阻值	0.5			
	测量直流充电枪 CC1 与充电枪 PE 线间电阻值	0.5			
	测量直流充电枪 CC2 与充电枪 PE 线间电阻值	0.5			
	测量温度传感器 T1+ 与 T− 间电阻值	0.5			
	测量温度传感器 T2+ 与 T− 间电阻值	0.5			
	测量电子锁 DC12V 与 GND 间电阻值	0.5			
	测量电子锁反馈线 Signal+ 与 Signal− 间电阻值	0.5			
充电功能测试	接通充电桩 220V 输入电源	0.5			
	检查并闭合断路器	0.5			
	检查并关闭柜门	0.5			
	打开起动开关	0.5			
	检查电源指示灯状态	0.5			
	检查触摸屏状态	0.5			
	进行急停开关功能测试	0.5			
	进行门停开关功能测试	0.5			
	进行自动模式充电测试	0.5			
	进行电量模式充电测试	0.5			
	进行时间模式充电测试	0.5			
	进行金额模式充电测试	0.5			
	进行手动模式充电测试	0.5			
	关闭起动开关	0.5			
	断开充电桩 220V 输入电源	0.5			

（续）

评分项目	评分细项	配分	扣分		
			自评	互评	师评
作业规范	设备完好无损	0.5			
	操作人员安全规范操作	0.5			
	请示考官后上电	0.5			
	同步填写记录表信息	0.5			
	工具仪器不落地	0.5			
	零部件不落地	0.5			
	复位工具仪器	0.5			
	清洁工作场地	0.5			
	收回安全警示牌	0.5			
	收回隔离栏	0.5			
过程记录	绝缘手套耐压等级：AC1000V	1			
	万用表校零电阻值：<1Ω	1			
	断路器闭合状态1、2间电阻值：<1Ω	1			
	断路器闭合状态3、4间电阻值：<1Ω	1			
	断路器分离状态1、2间电阻值：∞	1			
	断路器分离状态3、4间电阻值：∞	1			
	交流接触器A1、A2间电阻值：1200Ω	1			
	急停开关闭合状态1、2间电阻值：<1Ω	1			
	急停开关断开状态1、2间电阻值：∞	1			
	门停开关闭合状态3、4间电阻值：<1Ω	1			
	门停开关断开状态3、4间电阻值：∞	1			
	起动开关起动状态1、2间电阻值：<1Ω	1			
	起动开关起动状态3、4间电阻值：<1Ω	1			
	起动开关停止状态1、2间电阻值：∞	1			
	起动开关停止状态3、4间电阻值：∞	1			
	断路器输入端L线与壳体间绝缘电阻值：≥20MΩ	1			
	断路器输入端N线与壳体间绝缘电阻值：≥20MΩ	1			
	交流接触器输入端L线与壳体间绝缘电阻值：≥20MΩ	1			
	交流接触器输入端N线与壳体间绝缘电阻值：≥20MΩ	1			
	充电模块输入端L线与壳体间绝缘电阻值：≥20MΩ	1			
	充电模块输入端N线与壳体间绝缘电阻值：≥20MΩ	1			

（续）

评分项目	评分细项	配分	扣分		
			自评	互评	师评
过程记录	辅助电源 1 输入端 L 线与壳体间绝缘电阻值：≥20MΩ	1			
	辅助电源 1 输入端 N 线与壳体间绝缘电阻值：≥20MΩ	1			
	辅助电源 2 输入端 L 线与壳体间绝缘电阻值：≥20MΩ	1			
	辅助电源 2 输入端 N 线与壳体间绝缘电阻值：≥20MΩ	1			
	辅助电源 3 输入端 L 线与壳体间绝缘电阻值：≥20MΩ	1			
	辅助电源 3 输入端 N 线与壳体间绝缘电阻值：≥20MΩ	1			
	测量 DC 控制盒 PE 线与柜体接地点间电阻值：<1Ω	1			
	充电模块 PE 线与柜体接地点间电阻值：<1Ω	1			
	柜门 PE 线与柜体接地点间电阻值：<1Ω	1			
	直流充电枪 DC+ 与柜体接地点间绝缘电阻值：≥20MΩ	1			
	直流充电枪 DC− 与柜体接地点间绝缘电阻值：≥20MΩ	1			
	直流充电枪 PE 线与柜体接地点间电阻值：<1Ω	1			
	直流充电枪 CC1 线与充电枪 PE 线间电阻值：1000Ω	1			
	直流充电枪 CC2 线与充电枪 PE 线间电阻值：1000Ω	1			
	温度传感器 T1+ 与 T− 间电阻值：120Ω/25℃	1			
	温度传感器 T2+ 与 T− 间电阻值：100Ω/25℃	1			
	电子锁 DC12V 与接地点间电阻值：10Ω	1			
	电子锁反馈线 Signal+ 与 Signal− 间电阻值：∞	1			
	电源指示灯状态：正常	1			
	触摸屏状态：正常	1			
	急停开关功能测试：正常	1			
	门停开关功能测试：正常	1			
	自动模式充电测试：正常	1			
	电量模式充电测试：正常	1			
	时间模式充电测试：正常	1			
	金额模式充电测试：正常	1			
	手动模式充电测试：正常	1			
	总得分				
	平均分				

项目三
充电系统的性能测试

电动汽车从连接上充电设施后起动充电,到充电结束拔掉充电插头,这期间会经历很多过程和阶段,也极易发生安全事故。为保证电动汽车在使用过程中的充电安全,在电动汽车新车型上市前需要对其充电系统进行性能测试,即互操作性测试。互操作性测试包括交流充电互操作性测试和直流充电互操作性测试两部分。

项目三 充电系统的性能测试
- 学习情境一 交流充电互操作性测试 —— 任务 交流充电互操作性测试的认知
- 学习情境二 直流充电互操作性测试 —— 任务 直流充电互操作性测试的认知

学习情境一
交流充电互操作性测试

扫一扫

交流充电互
操作性测试

交流充电互操作性测试主要掌握交流充电互操作性测试概念、电动汽车交流充电过程和互操作性测试条件,并学会对交流充电过程、充电连接控制时序、充电异常状态、充电控制输出及控制回路进行规范测试。

任务　交流充电互操作性测试的认知

【学习目标】

知识目标:

1)掌握互操作性测试的概念。

2)掌握电动汽车交流充电的控制过程。

3)掌握交流充电互操作性测试的内容及方法。

技能目标:

1)具有正确绘制交流充电系统原理图的能力。

2)具有正确选择并使用交流充电互操作性工具设备和测量仪器的能力。

3)具有对交流充电过程、充电连接控制时序、充电异常状态、充电控制输出及控制回路进行规范测试的能力。

素养目标：
1）通过小组合作完成交流充电互操作性测试任务，养成团队合作意识。
2）养成 7S 管理的工作习惯。
3）养成标准意识和质量意识。

【任务描述】

一款吉利新车型即将上市，为保证车辆的安全性能，在上市前需要对该车型进行充电互操作性测试。作为检测机构的一名测试员，需要你在使用相关测试装置完成该车型交流充电互操作性测试后给出测试结论。

【获取信息】

一、充电互操作性测试

充电互操作性指相同或不同型号、版本的供电设备与电动汽车通过信息交换和过程控制，实现充电互联、互通的能力。为检查充电互操作性开展的检验、检测称为充电互操作性测试。

电动汽车交流充电互操作性测试包括充电控制过程测试、充电连接控制时序测试、充电异常状态测试、充电控制输出测试和控制回路测试五部分。交流充电的互操作性测试是基于交流充电过程而展开的，因此在进行互操作性测试之前必须要了解电动汽车的交流充电控制过程。

二、电动汽车交流充电控制过程

以吉利 EV450 车型为例，其交流充电可以采用图 3-1 所示的交流充电桩进行充电，也可以采用图 3-2 所示的充电连接装置进行充电。本任务以交流充电桩充电方式为例进行讲解。根据 GB/T 18487.1—2015 的规定，采用图 3-1 所示的交流充电桩给电动汽车充电属于充电模式 3 连接方式 C。

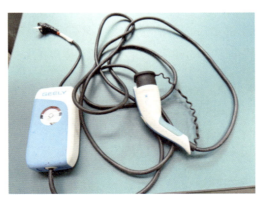

图 3-1 交流充电桩　　图 3-2 吉利 EV450 交流充电连接装置

【温故知新】

请同学们回顾一下，电动汽车传导充电有几种充电模式和连接方式？它们有何不同？

根据 GB/T 18487.1—2015 的规定，充电模式 3 连接方式 C 的交流充电原理图如图 3-3 所示，以此来讲解交流充电的控制过程。图 3-3 中的供电设备指交流充电桩。

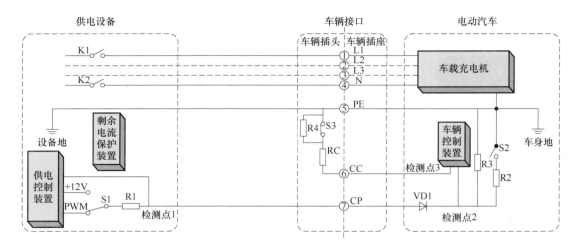

图 3-3　充电模式 3 连接方式 C 的交流充电原理图

第一步：插枪。将充电桩的车辆插头插入车辆插座中，此时车辆处于不可行驶状态。根据交流充电口各针脚的长度，首先是插头和插座的 PE 针脚先接触，之后 L、N 针脚接触，最后是 CC、CP 针脚接触。

第二步：确认完全连接。车辆上的充电控制装置通过测量检测点 3 与端子 PE 间的阻值来判断车辆接口是否已完全连接，其关系见表 3-1。

表 3-1　检测点 3 与端子 PE 之间电阻值对应车辆接口的连接状态关系

车辆插头与车辆插座连接状态	S3 状态	端子 CC 连接状态	检测点 3 与端子 PE 之间的电阻值
未连接	闭合	未连接	无限大
半连接	断开	连接	RC 电阻值 +R4 电阻值
完全连接	闭合	连接	RC 电阻值

如果充电桩无故障且车辆接口已完全连接，此时供电控制装置控制信号经 S1、R1、VD1、R3 连接到端子 PE 形成回路，检测点 1 的电压由 12V 变为 9V。当供电控制装置识别到检测点 1 的电压为 9V 后，将开关 S1 从 +12V 连接状态切换到 PWM 波（占空比）连接状态，此时检测点 1 和检测点 2 的电压均变为 9V PWM 信号，充电控制装置据此判断充电连接装置已完全连接。

此外，充电枪与车辆连接之后，车辆首先通过识别充电枪端子 CC、PE 之间 RC 的电阻值，确定充电连接装置（电缆）的额定容量（额定工作电流），其关系见表 3-2。

表 3-2　充电枪端子 CC、PE 之间 RC 电阻值与充电设备充电额定电流的关系

序号	RC 电阻值	电缆的额定容量
1	1.5kΩ	10A
2	680Ω	16A
3	220Ω	32A
4	100Ω	63A

第三步：充电准备就绪。在车载充电机自检完成且没有故障的情况下，当动力蓄电池处于可充电状态时，车辆控制装置闭合开关 S2，表示车辆充电准备就绪。开关 S2 闭合后，检测点 1 的电压由 9V PWM 信号变为 6V PWM 信号，供电控制装置据此判断车辆已准备就绪，然后通过闭合接触器 K1 和 K2 使交流供电回路导通。

第四步：起动充电。车辆上的充电控制装置通过判断检测点 2 的 PWM 信号确认当前供电设备的最大供电能力（具体见 GB/T 18487.1—2015）；通过测量检测点 3 与端子 PE 间的电阻来确认电缆的额定容量；充电控制装置对当前供电设备的最大供电电流值、车载充电机的额定输入电流值及电缆的额定容量进行比较，取最小值设定为车载充电机的最大允许输入电流。当车辆控制装置完成车载充电机最大允许输入电流设置后，车载充电机开始对电动汽车充电。

第五步：充电过程监测。在充电过程中，供电控制装置对检测点 1 进行周期性监测，车辆控制装置对检测点 2 和检测点 3 进行周期性检测，以确认车辆接口是否处于完全连接状态，监测周期不大于 50ms。

第六步：充电结束。当达到车辆设置的结束条件或者驾驶人对车辆实施停止充电指令后，车辆上的充电控制装置断开开关 S2，车载充电机停止充电，电子锁解锁；供电装置控制开关 S1 切换至 12V，并断开接触器 K1、K2，若超过 3s 未检测到 S2 断开，强制断开 K1、K2。

【课堂小结】

请同学们总结从插枪到充电结束的整个过程中，检测点 1 的电压值和检测点 3 的电阻值变化情况。

三、交流充电互操作性测试条件

根据 GB/T 34657.2—2017 的规定，交流充电互操作性测试需满足以下条件：

1. 环境条件

测试环境条件应满足以下要求：环境温度为 +15~+35℃；相对湿度为 45%~75%；大气压力为 86~106kPa。

2. 电源条件

测试时，供电电源条件为：频率为 50Hz ± 0.5Hz；交流电源电压为 220V/380V，允许偏差 ±5%。

3. 仪器、仪表要求

测试中所使用的仪器、仪表准确度应满足 GB/T 34657.2—2017 的要求。

4. 车辆要求

对充电功率有要求的测试项目，测试前车辆动力蓄电池荷电状态应处于较低水平，按车辆制造厂指定的方法对动力蓄电池进行放电。若车辆制造厂未提供具体放电方案，可通过车辆行驶（道路或台架上）进行放电操作，可参考的放电终止条件可参考 GB/T 34657.2—2017。

【头脑风暴】

充电控制过程测试与充电连接控制时序测试有什么异同？

交流充电互操作性测试的认知	学习任务单	班级： 姓名：

1. 电动汽车交流充电过程中，车载充电机最大允许电流为_____、_____、_____三者中的最小值。

2. 交流充电互操作性测试包括_____、_____、_____、_____和控制回路测试五部分。

3. 交流充电互操作性测试系统可以通过检测点 1 的电压值，判断开关_____的开合状态；通过检测点 3 的电压值，判断开关_____的开合状态。

4. GB/T 20234.2—2015 标准中，交流充电接口中 6 孔为（　　）。
   A. 充电通信　　　B. 充电连接确认　　　C. 控制导引　　　D. 保护接地

5. 当电动汽车使用充电模式 3 连接方式 A 进行充电时，与供电控制装置检测点 4 连接的交流充电接口端子为（　　）。
   A. CC　　　　　B. CP　　　　　　　C. PE　　　　　　D. N

6. 当电动汽车使用充电模式 3 连接方式 B 进行充电时，与供电控制装置检测点 4 连接的交流充电接口端子为（　　）。
   A. CC　　　　　B. CP　　　　　　　C. PE　　　　　　D. N

7. 当电动汽车使用充电模式 3 连接方式 C 进行充电时，与车辆控制装置检测点 3 连接的交流充电接口端子为（　　）。
   A. CC　　　　　B. CP　　　　　　　C. PE　　　　　　D. N

8. 当电动汽车使用充电模式 3 连接方式 B 或 C 进行充电时，交流充电接口端子 CC 与 PE 之间描述正确的是（　　）。
   A. 有常电 12V　　B. 电阻为 0　　　　C. 电阻为无穷大　　D. 电压为 0

【任务实施】 纯电动汽车交流充电互操作性测试

实训器材

吉利 EV450 纯电动汽车、充电设备装调工作平台（C-GY01+C-GZ02）、高压系统三合一测试负载（L-CS01）、充电装置性能试验移动站、充电装置性能试验中心站、电力测功机测试系统、示波器、钳形万用表、常用工具等，如图 3-4 所示。

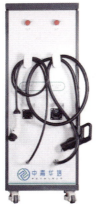
a) 充电设备装调工作平台

b) 高压系统三合一测试负载

c) 充电装置性能试验移动站

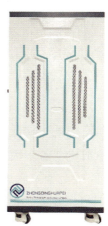
d) 充电装置性能试验中心站

图 3-4　主要检测设备

作业准备

资料准备：设备说明书、维修手册、电路图、《电动汽车传导充电互操作性测试规范》标准。

设备准备：检查举升机，将车辆在工位停放周正，铺好车内和车外护套。

【注意事项】

1）遵守实训安全规程，做好个人安全防护、实训设备防护。

2）操作中恪守国标要求，养成标准意识。

3）操作中细心严谨，保证检测数据准确性，养成良好的质量意识。

一、充电控制过程测试步骤

1. 车辆充电与行驶互锁测试

序号	操作示意图	操作方法	标准
1		先插枪再起动： ① 车辆处于驱动系统电源切断状态下，将交流充电枪与车辆插座完全插合 ② 举升车辆后，起动车辆，检查车辆能否行驶	车辆不能移动
2		先起动再插枪： ① 起动车辆到 READY 状态，并挂到 D 档 ② 将交流充电枪与车辆插座完全插合，检查车辆能否移动	

2. 连接确认测试

序号	操作示意图	操作方法	标准
1		打开充电桩起动开关，检查待机未插枪时充电桩的状态	充电桩显示未插枪
2		读取、记录交流负载控制系统上端子CC、PE间电阻值，测量端子CC、PE间电压	端子CC、PE间电阻值为0；端子CC、PE间电压为2.5V左右
3		将交流充电枪插入交流负载控制系统的交流枪座，操作充电桩开始充电，检查已插枪正在充电时充电桩的状态	充电桩显示充电状态：准备就绪

项目三　充电系统的性能测试

（续）

序号	操作示意图	操作方法	标准
4		再次观察并记录端子CC、PE间电阻值，测量端子CC、PE间电压	端子CC、PE间电阻值为0.222kΩ左右；端子CC、PE间电压为572mV左右

3. 充电准备就绪测试

序号	操作示意图	操作方法	标准
1		将充电枪插入测试系统枪座，检查充电桩的状态	充电桩显示充电状态：准备就绪
2	9V	使用示波器测量S2闭合前（断开）端子CP、PE间电压波形，即示波器通道线连接端子CP，搭铁端连接端子PE	交流负载控制系统显示S2断开；波形为9V PWM
3		操作充电桩开始充电，检查充电桩的状态	交流负载控制系统显示S2闭合
4	6V	使用示波器测量S2闭合后端子CP、PE间电压	所测波形为6V PWM

89

4. 起动及充电阶段测试

序号	操作示意图	操作方法	标准
1		将充电枪插入测试系统枪座，检查充电桩的状态	充电桩的充电状态：准备就绪已插枪
2		读取记录充电电流	0V 左右
3		操作充电桩开始充电，检查充电桩的状态	充电桩的充电状态：已插枪正在充电
4		再次读取记录充电电流	2.06A 左右

5. 正常充电结束测试

序号	操作示意图	操作方法	标准
1		将充电枪插入测试系统枪座，操作充电桩开始充电	充电桩的充电状态：已插枪正在充电
2		读取记录充电桩停机前端子L、N间电压	230.9V 左右

项目三　充电系统的性能测试

（续）

序号	操作示意图	操作方法	标准
3	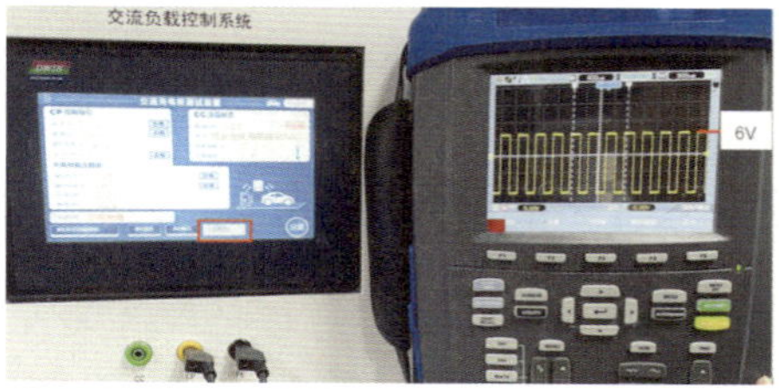	测量端子CP、PE间电压，观察S2状态	端子CP、PE间电压为6V PWM；S2闭合
4	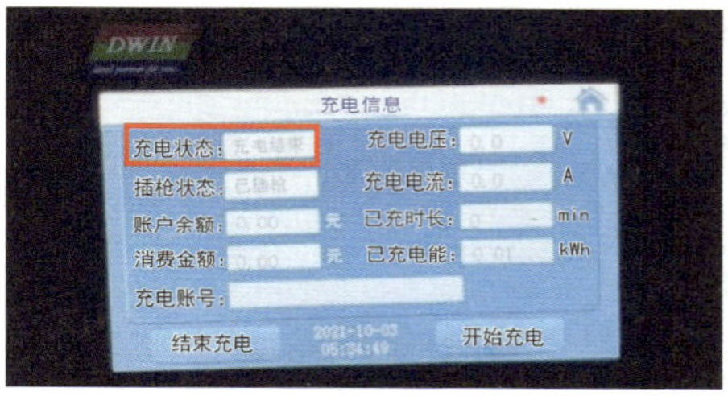	检查充电桩的状态	充电桩的充电状态：已插枪准备就绪或充电结束
5	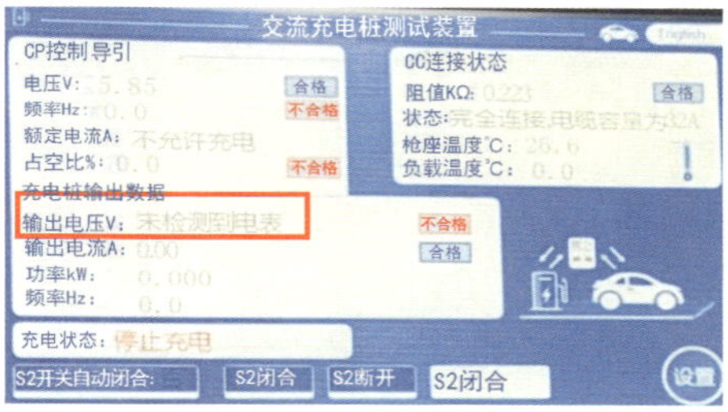	读取记录充电桩停机后端子L、N间电压	输出电压：未检测到电表
6	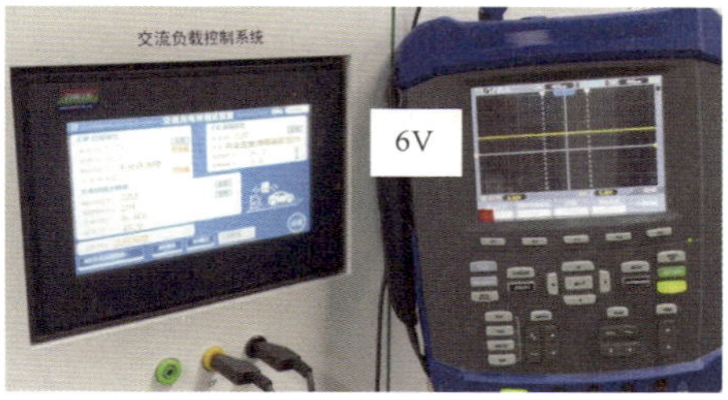	测量端子CP、PE间电压，观察S2状态变化	端子CP、PE间电压为6V左右；S2闭合
7	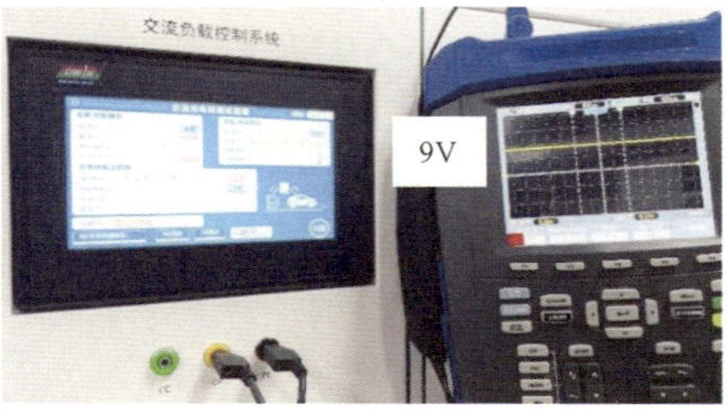	待停机后S2断开时，测量端子CP、PE间电压	端子CP、PE间电压为9V左右

二、充电连接控制时序测试步骤

序号	操作示意图	操作方法	标准
1	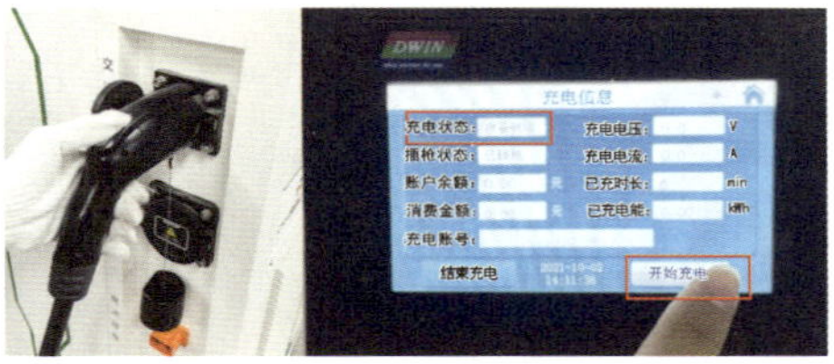	将充电枪插入测试系统枪座，操作充电桩开始充电，检查充电桩的状态	充电桩的充电状态：已插枪正在充电

91

(续)

序号	操作示意图	操作方法	标准
2	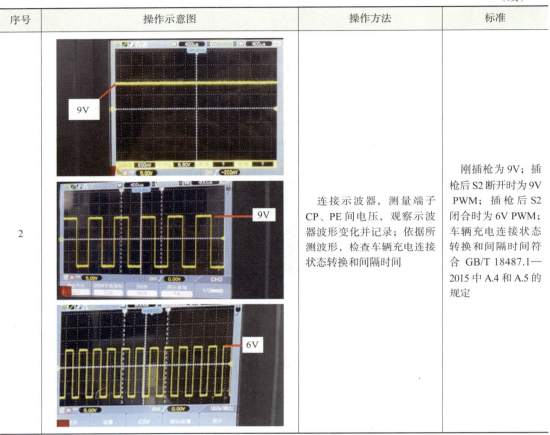	连接示波器,测量端子 CP、PE 间电压,观察示波器波形变化并记录;依据所测波形,检查车辆充电连接状态转换和间隔时间	刚插枪为 9V;插枪后 S2 断开时为 9V PWM;插枪后 S2 闭合时为 6V PWM;车辆充电连接状态转换和间隔时间符合 GB/T 18487.1—2015 中 A.4 和 A.5 的规定

三、充电异常状态测试步骤

1. 开关 S3 断开测试

序号	操作示意图	操作方法	标准
1		将充电枪插入测试系统枪座,操作充电桩开始充电,检查充电桩的状态	充电桩的充电状态:已插枪正在充电
2		按下开关 S3,使其由闭合变为断开;检查车辆的充电状态,测量端子 CP、PE 间电压波形	充电状态:停止充电;端子 CP、PE 间电压为 9V PWM

2. CC 断路测试

1）充电准备阶段断路测试。

序号	操作示意图	操作方法	标准
1		将充电枪插入测试系统枪座，检查充电桩的状态	充电桩的充电状态：准备就绪已插枪
2		模拟断开车辆接口 CC 连接	显示 CC 断线：是
3		观察并记录此时端子 CP、PE 间电压波形、充电状态	端子 CP、PE 间电压为 9V PWM；S2 断开

2）充电过程中断路测试。

序号	操作示意图	操作方法	标准
1		将充电枪插入测试系统枪座，操作充电桩开始充电，检查充电桩的状态	充电桩的充电状态：已插枪正在充电
2		模拟断开车辆接口 CC 连接	显示 CC 断线：是

(续)

序号	操作示意图	操作方法	标准
3	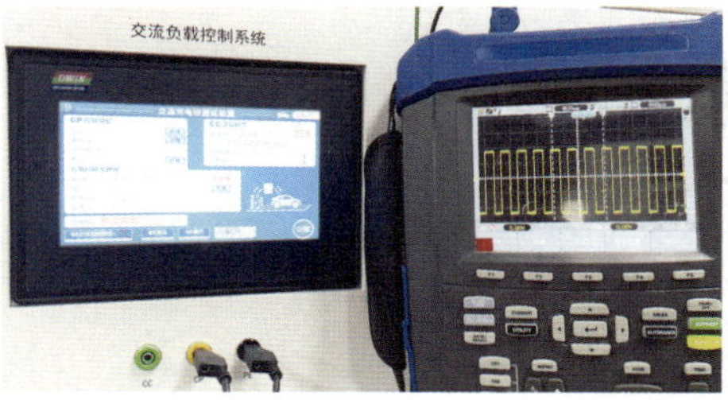	观察记录此时端子CP、PE间电压波形、充电状态	端子CP、PE间电压为9V PWM；S2断开

3. CP中断测试

序号	操作示意图	操作方法	标准
1	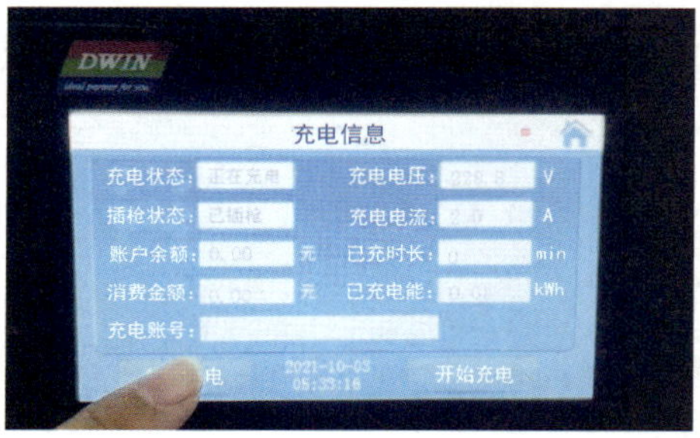	将充电枪插入测试系统枪座，操作充电桩开始充电，检查充电桩的状态	充电桩的充电状态：已插枪正在充电
2	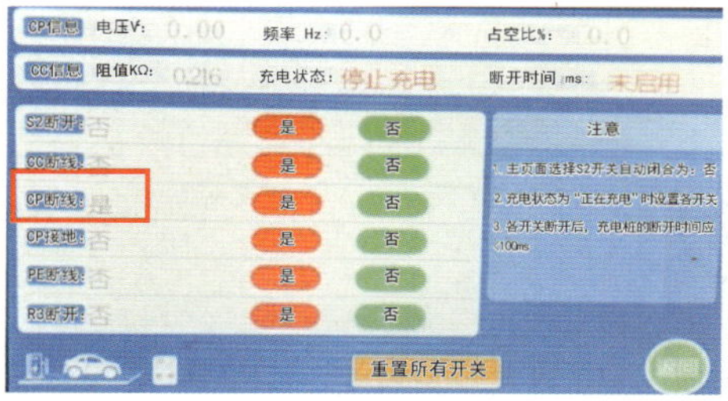	模拟断开车辆接口CP连接	显示CP断线：是
3	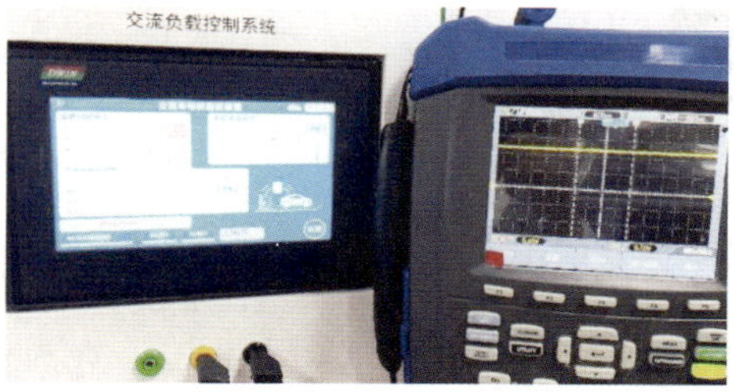	观察记录此时端子CP、PE间电压波形、充电状态	端子CP、PE间电压为12V左右；S2断开

项目三　充电系统的性能测试

四、CP 输出测试

1. CP 频率测试

CP 输出测试

序号	操作示意图	操作方法	标准
1		打开移动站电源开关、系统开关，进入充电系统性能试验中心的充电系统教学模式	进入充电系统性能试验中心界面
2		单击项目选择，接着选择 CP 频率测试，单击开始测试	
3		根据系统提示，将充电枪插入测试系统枪座，接着单击 PASS	

95

（续）

序号	操作示意图	操作方法	标准
4		根据系统提示，操作充电桩开始充电，接着单击PASS	充电桩开始输出
5		输入状态3相应CP频率值：1000Hz，单击确定	1000Hz
6		观察记录端子CP、PE间电压波形、充电状态，接着单击PASS	
7		根据系统提示，拔出充电枪后，单击PASS，接着单击结束测试	

2. CP 占空比测试

序号	操作示意图	操作方法	标准
1		打开移动站电源开关、系统开关，进入充电系统性能试验中心的充电系统教学模式	进入充电系统性能试验中心界面

项目三　充电系统的性能测试

（续）

序号	操作示意图	操作方法	标准
1	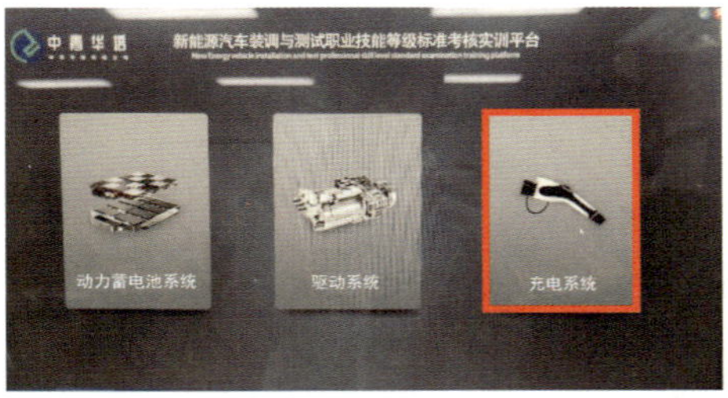 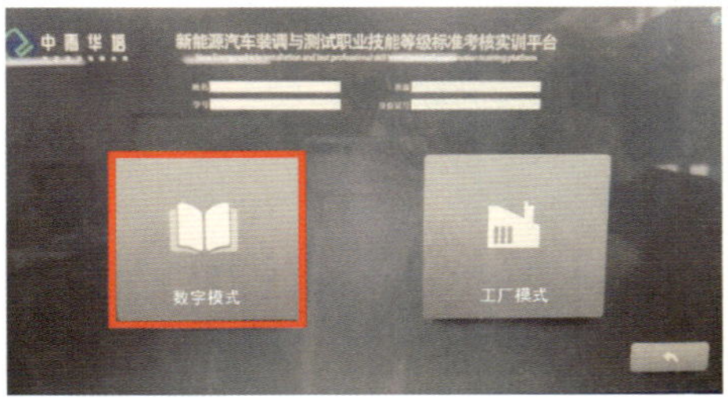	打开移动站电源开关、系统开关，进入充电系统性能试验中心的充电系统教学模式	进入充电系统性能试验中心界面
2	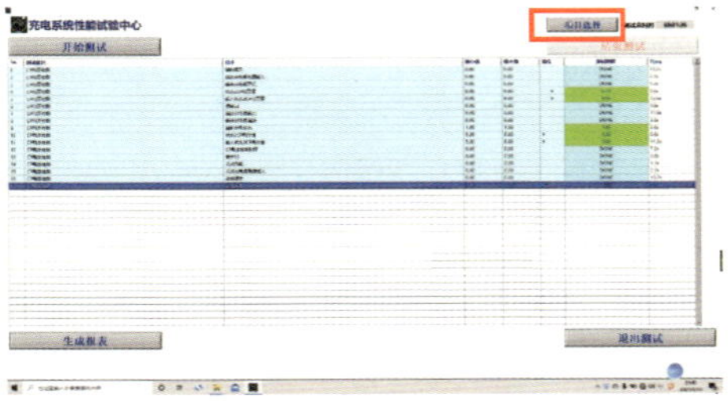 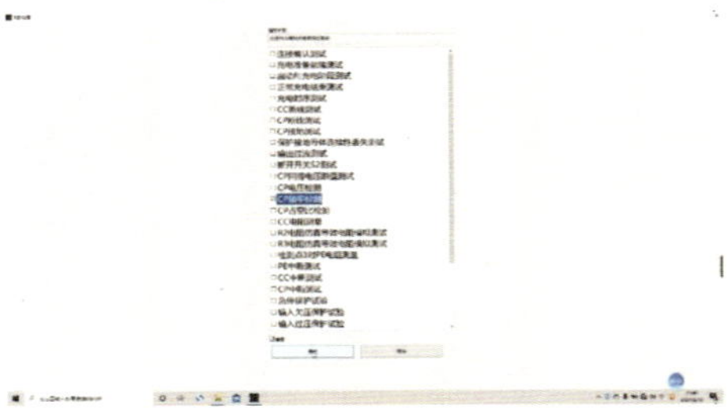	单击项目选择，接着选择CP占空比测试，单击开始测试	
3	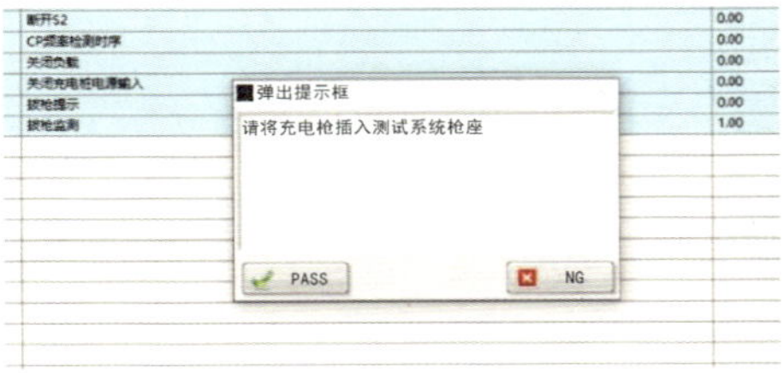	根据系统提示，将充电枪插入测试系统枪座，接着单击PASS	
4	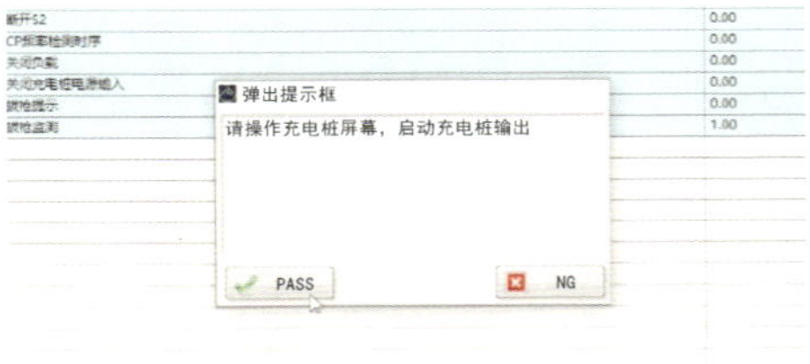	根据系统提示，操作充电桩开始充电，接着单击PASS	充电桩开始输出

97

(续)

序号	操作示意图	操作方法	标准
5		输入状态 3 相应 CP 占空比数值（50），单击确定	占空比 50
6		观察并记录端子 CP、PE 间电压波形、充电状态，接着单击 PASS	
7		根据系统提示，拔出充电枪后，单击 PASS，接着单击结束测试	

五、急停保护试验

扫一扫

急停试验

序号	操作示意图	操作方法	标准
1		打开移动站电源开关、系统开关，进入充电系统性能试验中心的充电系统教学模式	进入充电系统性能试验中心界面

项目三 充电系统的性能测试

（续）

序号	操作示意图	操作方法	标准
2	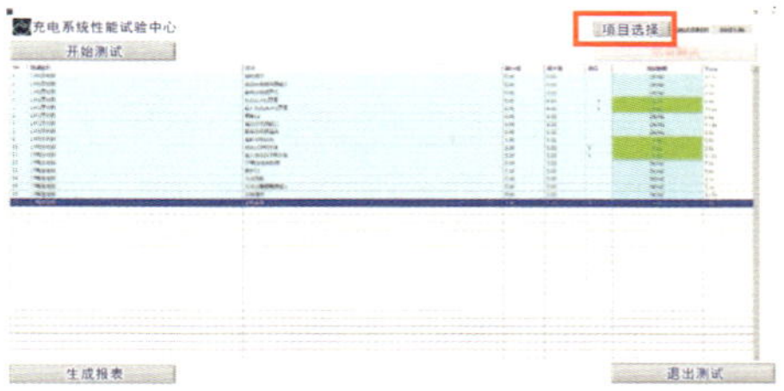 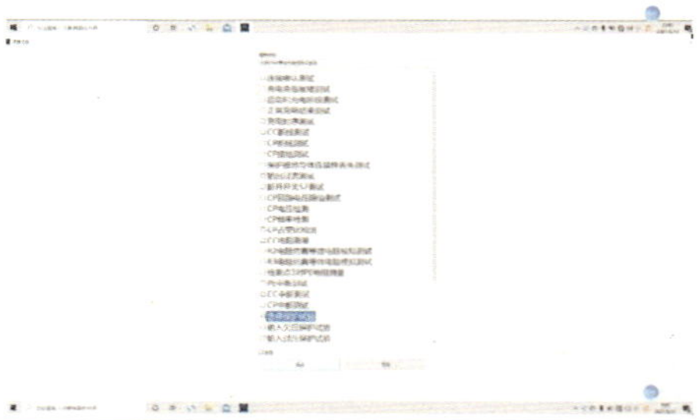	单击项目选择，接着选择急停保护试验，单击开始测试	
3	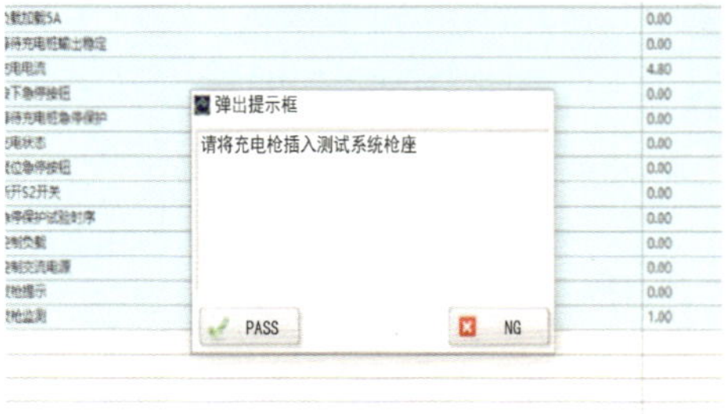	根据系统提示，将充电枪插入测试系统枪座，接着单击PASS	
4	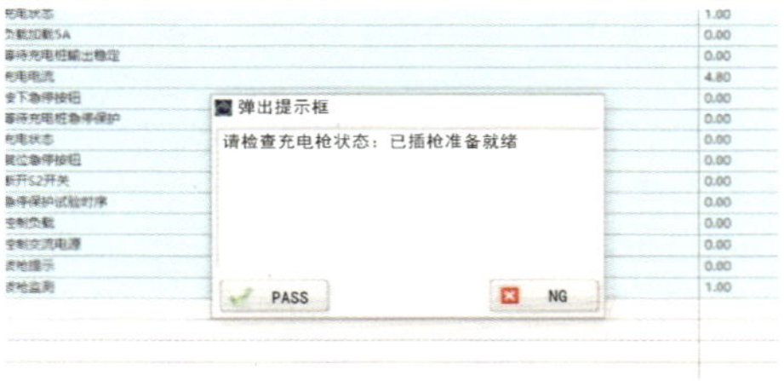	根据系统提示，查看充电桩的状态，接着单击PASS	充电桩的充电状态：已插枪准备就绪
5	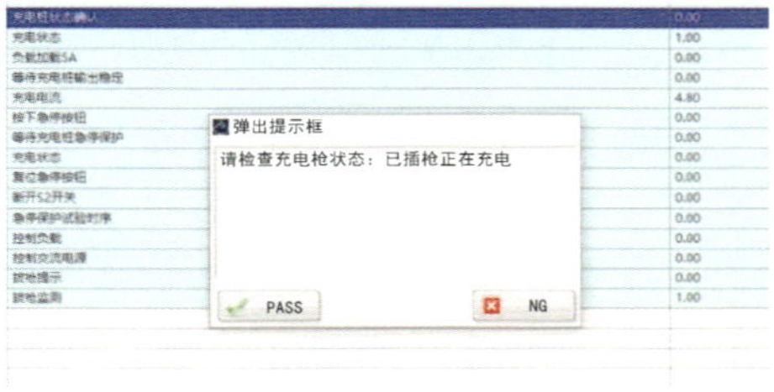	根据系统提示，操作充电桩开始充电，接着单击PASS	充电桩的充电状态：已插枪正在充电
6	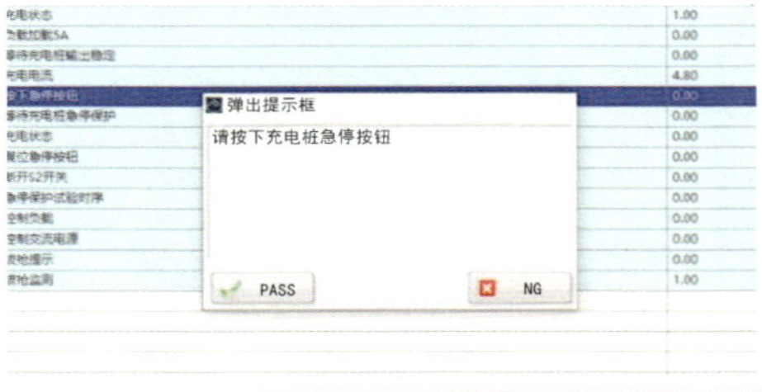 	根据系统提示，旋转按下充电桩急停按钮，接着单击PASS	

(续)

序号	操作示意图	操作方法	标准
7		根据系统提示，复位急停按钮，接着单击 PASS	
8		观察并记录端子 CP、PE 间电压波形、充电状态，接着单击 PASS	
9		根据系统提示，拔出充电枪后，单击 PASS，接着单击结束测试	

六、其他测试

1. R2 电阻仿真等效电阻模拟测试

R2 电阻仿真等效电阻模拟测试

序号	操作示意图	操作方法	标准
1		打开移动站电源开关、系统开关，进入充电系统性能试验中心的充电系统教学模式	进入充电系统性能试验中心界面

项目三　充电系统的性能测试

（续）

序号	操作示意图	操作方法	标准
2		单击项目选择，接着选择R2电阻仿真等效电阻模拟测试，单击开始测试	
3		根据系统提示，将充电枪插入测试系统枪座，接着单击PASS	
4		根据系统提示，操作充电桩开始充电，接着单击PASS	起动充电桩输出
5		根据系统提示，分3次输入R2阻值，接着单击确定	① 1400Ω>R2>1000Ω； ② R2<750Ω； ③ R2>4500Ω

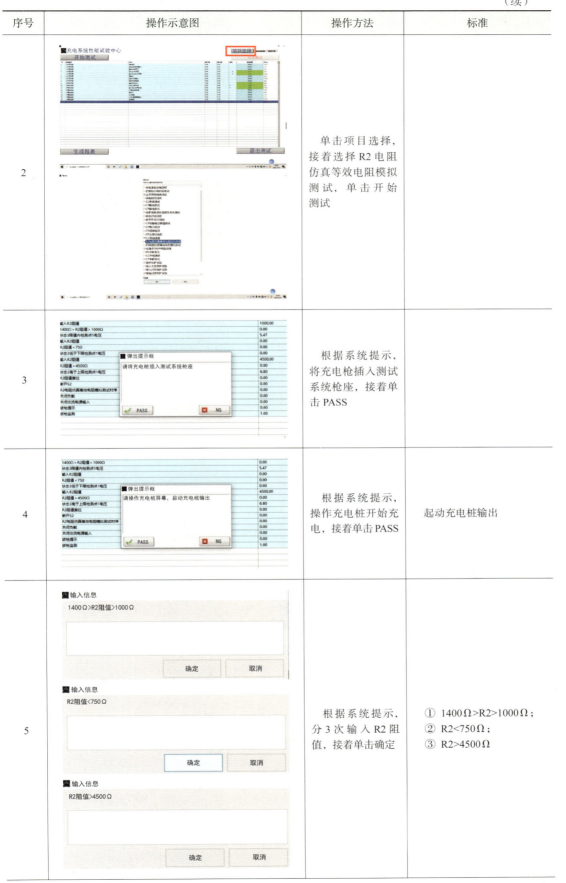

101

（续）

序号	操作示意图	操作方法	标准
6	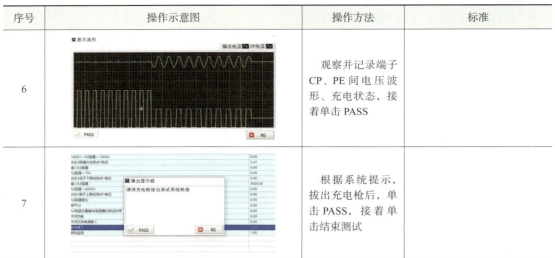	观察并记录端子CP、PE间电压波形、充电状态，接着单击PASS	
7		根据系统提示，拔出充电枪后，单击PASS，接着单击结束测试	

扫一扫

R3电阻仿真等效电阻模拟测试

2. R3电阻仿真等效电阻模拟测试

序号	操作示意图	操作方法	标准
1		打开移动站电源开关、系统开关，进入充电系统性能试验中心的充电系统教学模式	进入充电系统性能试验中心界面
2		单击项目选择，接着选择R3电阻仿真等效电阻模拟测试，单击开始测试	

102

项目三　充电系统的性能测试

（续）

序号	操作示意图	操作方法	标准
3		根据系统提示，将充电枪插入测试系统枪座，接着单击 PASS	
4		根据系统提示，操作充电桩开始充电，接着单击 PASS	起动充电桩输出
5		根据系统提示，分3次输入R3阻值，接着单击确定	① $2658\Omega<R3<2822\Omega$； ② $R3<1740\Omega$； ③ $R3>8400\Omega$
6		观察并记录端子CP、PE间电压波形、充电状态，接着单击 PASS	
7		根据系统提示，拔出充电枪后单击 PASS，接着单击结束测试	

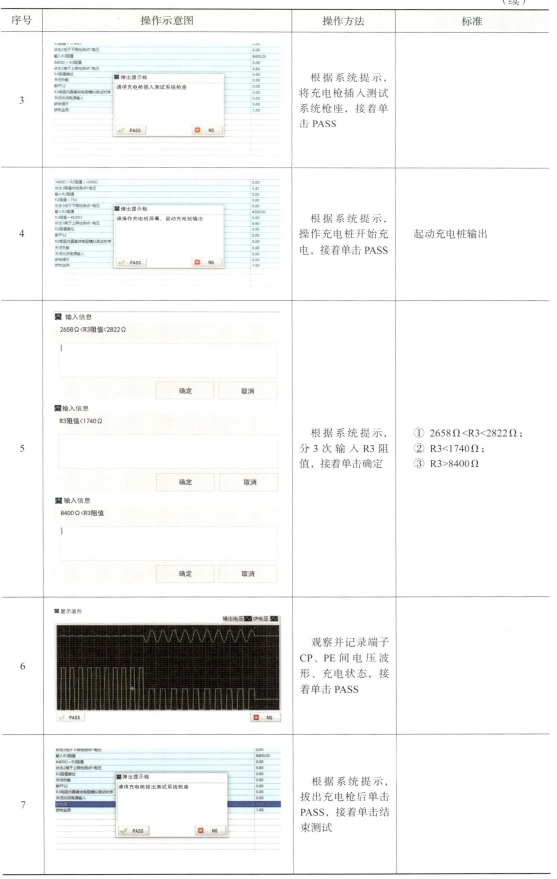

103

【大赛风采】

1. 在测量信号时，应按照测试条件设置车辆及设备。
2. 应准确记录测量结果，并给出实测值是异常还是正常的判断结果。

交流充电互操作性测试的认知		工作任务单	班级：	
			姓名：	

1. 车辆信息记录

品牌		整车型号		生产日期	
驱动电机型号		动力蓄电池电量		行驶里程	
车辆识别代号					

2. 作业场地准备

检查、设置隔离栏	□是 □否
检查、设置安全警示牌	□是 □否
检查灭火器压力、有效期	□是 □否
安装车辆挡块	□是 □否

3. 画交流充电系统电路简图

4. 检测内容

1）车辆充电与行驶互锁测试

检测对象	检测条件	检测结果	标准	结果判断
吉利 EV450 纯电动汽车	先插枪再起动		不能行驶	
吉利 EV450 纯电动汽车	先起动再插枪		不能行驶	

2）连接确认测试

检测对象	检测条件	检测结果	标准	结果判断
充电桩	待机未插枪		充电状态：待机 插枪状态：未插枪	
交流负载控制系统或吉利 EV450 纯电动汽车端子 CC、PE 间电阻值	待机未插枪		∞	

项目三　充电系统的性能测试

（续）

检测对象	检测条件	检测结果	标准	结果判断
交流负载控制系统或吉利 EV450 纯电动汽车端子 CC、PE 间电压	待机未插枪		2.7V	
充电桩	已插枪		充电状态：准备就绪 插枪状态：已插枪	
交流负载控制系统或吉利 EV450 纯电动汽车端子 CC、PE 间电阻	已插枪		220Ω	
交流负载控制系统或吉利 EV450 纯电动汽车端子 CC、PE 间电压	已插枪		0.5V	

3）充电准备就绪测试

检测对象	检测条件	检测结果	标准	结果判断
充电桩	已插枪		充电状态：准备就绪 插枪状态：已插枪	
端子 CP、PE 间电压	S2 断开		9V	
充电桩	开始充电		充电状态：正在充电 插枪状态：已插枪	
端子 CP、PE 间电压	S2 闭合		6V	

4）起动及充电阶段测试

检测对象	检测条件	检测结果	标准	结果判断
充电桩	已插枪		充电状态：准备就绪 插枪状态：已插枪	
充电电流	已插枪未充电		0A	
充电桩	开始充电		充电状态：正在充电 插枪状态：已插枪	
充电桩	正在充电		大于 0A 且小于电缆容量	

5）正常充电结束测试

检测对象	检测条件	检测结果	标准	结果判断
端子 L、N 间电压	正在充电		AC 220V	

(续)

检测对象	检测条件	检测结果	标准	结果判断
端子 CP、PE 间电压	正在充电		6V	
S2 状态			闭合	
充电桩	结束充电		充电状态：充电结束 插枪状态：已插枪	
端子 L、N 间电压			AC 0V	
端子 CP、PE 间电压			6V → 9V	
S2 状态			断开	

6）充电连接控制时序测试

检测对象	检测条件	检测结果	标准	结果判断
充电桩	开始充电		充电状态：正在充电 插枪状态：已插枪	
CP-PE 电压	从插枪到充电		车辆充电连接状态转换和间隔时间应符合 GB/T 18487.1—2015 中 A.4 和 A.5 的规定	

7）开关 S3 断开测试

检测对象	检测条件	检测结果	标准	结果判断
充电桩	开始充电		充电状态：正在充电 插枪状态：已插枪	
充电状态	按下开关 S3		停止充电	
端子 CP、PE 间电压	按下开关 S3		6V PWM 信号变为 9V PWM 信号	

8）CC 断路测试

检测对象	检测条件	检测结果	标准	结果判断
充电桩	已插枪		充电状态：准备就绪 插枪状态：已插枪	

（续）

检测对象	检测条件	检测结果	标准	结果判断
充电状态	模拟断开车辆接口CC连接		停止充电	
端子CP、PE间电压			9V PWM 信号	
充电桩	开始充电		充电状态：正在充电 插枪状态：已插枪	
充电状态	模拟断开车辆接口CC连接		停止充电	
端子CP、PE间电压			6V PWM 信号变为9V PWM 信号	

9）CP 断路测试

检测对象	检测条件	检测结果	标准	结果判断
充电桩	开始充电		充电状态：正在充电 插枪状态：已插枪	
充电状态	模拟断开车辆接口CP连接		停止充电	
端子CP、PE间电压			DC 12V	

10）CP 测试

检测对象	检测条件	检测结果	标准	结果判断
端子CP、PE间电压	CP频率值：1000Hz			
端子CP、PE间电压	CP占空比数值：50			

11）急停保护试验

检测对象	检测条件	检测结果	标准	结果判断
端子L、N间电压	充电时，按下交流充电桩急停按钮		AC 0V	
端子L、N间电压	急停后，复位交流充电桩急停按钮		AC 220V	

（续）

12）R2 电阻仿真等效电阻模拟测试

检测对象	检测条件	检测结果	标准	结果判断
端子 CP、PE 间电压	1000Ω<R2<1400Ω			
端子 CP、PE 间电压	R2<750Ω			
端子 CP、PE 间电压	R2<4500Ω			

13）R3 电阻仿真等效电阻模拟测试

检测对象	检测条件	检测结果	标准	结果判断
端子 CP、PE 间电压	2658Ω<R3<2822Ω			
端子 CP、PE 间电压	R3<1740Ω			
端子 CP、PE 间电压	R3>8400Ω			

5. 竣工检验		
车辆是否正常上电	□是	□否
车辆是否正常切换档位	□是	□否

6. 作业场地恢复		
拆卸车内三件套	□是	□否
拆卸翼子板布	□是	□否
将高压警示牌等放至原位置	□是	□否
清洁、整理场地	□是	□否

项目三　充电系统的性能测试

【课证融通考评单】 交流充电互操作性测试的认知		实习日期：	
姓名：	班级：	学号：	教师签名：
自评：□熟练　□不熟练	互评：□熟练　□不熟练	师评：□合格　□不合格	
日期：	日期：	日期：	

评分项目	评分细项	配分	扣分		
			自评	互评	师评
工作准备	穿戴绝缘鞋进入工位	1			
	进入工位后设置隔离栏	1			
	在工位入口处放置安全警示牌	1			
	检查干粉灭火器压力值	1			
	检查绝缘手套耐压等级	1			
	检查绝缘手套密封性	1			
	检查酸碱性手套有无破损	1			
	检查护目镜有无破损	1			
	检查安全帽有无破损	1			
	进行数字万用表校零	1			
车辆充电与行驶互锁测试	进行车辆下电	1			
	将车辆插头与车辆插座完全插合	1			
	在 READY 状态并挂到 D 档插枪	1			
	检查检查车辆能够移动	1			
	恢复车辆与设备	1			
连接确认测试	检查充电桩状态	1			
	将充电枪插入测试系统枪座	1			
	未插枪状态端子 CC、PE 间电阻值：∞	1.5			
	未插枪状态端子 CC、PE 间电压：2.7V	1.5			
	检查插枪状态端子 CC、PE 间电阻值	1.5			
	检查插枪状态端子 CC、PE 间电压	1.5			
充电准备就绪	检查充电桩状态	1			
	将充电枪插入测试系统枪座	1			
	检查 S2 闭合前端子 CP、PE 间电压	1.5			
	检查 S2 闭合后端子 CP、PE 间电压	1.5			
起动和充电阶段测试	检查充电桩状态	1			
	操作充电桩开始充电	1			
	检查已插枪未充电时充电电流	1.5			
	检查正在充电时充电电流	1			

(续)

评分项目	评分细项	配分	扣分 自评	扣分 互评	扣分 师评
正常充电结束测试	检查充电桩状态	1			
	检查充电桩停机前端子 L、N 间电压	1.5			
	检查充电桩停机后端子 L、N 间电压	1.5			
	检查充电时端子 CP、PE 间电压	1.5			
	检查充电结束时端子 CP、PE 间电压	1.5			
充电连接控制时序测试	检查充电桩状态	1			
	检查不同状态时端子 CP、PE 间电压	1.5			
	正确分析端子 CP、PE 间电压	1.5			
开关 S3 断开测试	检查充电桩状态	1			
	按下开关 S3	1			
	检查端子 CP、PE 间电压	1.5			
CC 断路测试	检查充电桩状态	1			
	设置准备就绪状态 CC 连接模拟断开	1			
	设置正在充电状态 CC 连接模拟断开	1			
	检查端子 CP、PE 间电压	1.5			
CP 断路测试	检查充电桩状态	1			
	设置 CP 连接模拟断开	1			
	检查端子 CP、PE 间电压	1.5			
CP 频率检测	选择指定测试项目	1			
	将充电枪插入测试系统枪座	1			
	操作充电桩开始充电	1			
	输入状态 3 相应 CP 频率值	1.5			
	将充电枪拔出测试系统枪座	1			
	生成报表	1			
	关闭充电桩起动开关	1			
	输入数值前 CP 频率：1000Hz	1			
CP 占空比检测	选择指定测试项目	1			
	将充电枪插入测试系统枪座	1			
	操作充电桩开始充电	1			
	输入状态 3 相应 CP 占空比数值	1.5			
	将充电枪拔出测试系统枪座	1			
	生成报表	1			
	关闭充电桩起动开关	1			
	输入数值前 CP 占空比：50%	1			

（续）

评分项目	评分细项	配分	扣分		
			自评	互评	师评
急停保护试验	选择指定测试项目	1			
	将充电枪插入测试系统枪座	1			
	检查充电桩状态：准备就绪已插枪	1			
	操作充电桩开始充电	1			
	检查充电桩状态：已插枪正在充电	1			
	按下交流充电桩急停按钮	1			
	复位交流充电桩急停按钮	1			
	将充电枪拔出测试系统枪座	1			
	生成报表	1			
	关闭充电桩起动开关	1			
	按下后端子 L、N 间电压：AC 0V	1			
	复位后 L、N 间电压：AC 220V	1			
R2 电阻仿真等效电阻模拟测试	选择指定测试项目	1			
	将充电枪插入测试系统枪座	1			
	输入 R2 相应阻值（3次）	1			
	将充电枪拔出测试系统枪座	1			
	生成报表	1			
	状态 3 限值内检测点 1 电压：6V	1			
	状态 3 低于下限检测点 1 电压：4.5V	1			
	状态 3 高于下限检测点 1 电压：7.5V	1			
R3 电阻仿真等效电阻模拟测试	未选择指定测试项目	1			
	将充电枪插入测试系统枪座	1			
	输入 R3 相应阻值（3次）	1			
	将充电枪拔出测试系统枪座	1			
	生成报表	1			
	状态 2 限值内检测点 1 电压：9V	1			
	状态 2 低于下限检测点 1 电压：7.5V	1			
	状态 2 高于下限检测点 1 电压：10.5V	1			
	总得分				
	平均分				

学习情境二

直流充电互操作性测试

扫一扫

直流充电互操作性测试

为保证电动汽车在充电时的安全性,除了进行交流充电互操作性测试外,还需要对直流充电系统进行互操作性测试。

任务　直流充电互操作性测试的认知

【学习目标】

知识目标:

1）掌握电动汽车直流充电的控制过程。

2）掌握直流充电互操作性测试的内容及方法。

3）掌握直流充电互操作性测试和交流充电互操作性测试的异同。

技能目标:

1）具有正确绘制直流充电系统原理图的能力。

2）具有正确选择并使用直流充电互操作性工具、设备和测量仪器的能力。

3）具有规范地完成直流充电系统测试与验证并编写测试报告的能力。

4）具有规范地对直流充电过程、充电连接控制时序、充电异常状态、控制导引电压边界值进行测试的能力。

素养目标：

1）通过小组合作完成直流充电互操作性测试任务，养成团队合作意识。

2）养成 7S 管理的工作习惯。

3）养成标准意识和质量意识。

【任务描述】

一款吉利新车型即将上市，为保证车辆安全性能，在上市前需要对该车型进行充电互操作性测试。作为检测机构的一名测试员，在完成该车型交流充电互操作性测试后，需要你使用相关测试装置完成该车型直流充电互操作性测试并给出测试结论。

【获取信息】

电动汽车直流充电互操作性测试包括充电控制过程测试、充电连接控制时序、充电异常状态测试和控制引导电压边界值四部分。直流充电的互操作性测试是基于直流充电过程而展开的，因此在进行互操作性测试之前必须要了解电动汽车的直流充电控制过程。

一、电动汽车直流充电控制过程

以吉利 EV450 车型为例，其直流充电采用图 3-5 所示的直流充电桩进行充电。根据 GB/T 27930.1—2017 的规定，直流充电控制过程的原理图如图 3-6 所示。其中，K1 和 K2 为直流供电回路接触器，K3 和 K4 为低压辅助供电回路接触器，K5 和 K6 为充电回路接触器，电阻 R2 和 R3 安装在车辆插头上，电阻 R4 安装在车辆插座上。开关 S 为车辆插头的内部常闭开关，当车辆插头与车辆插座完全连接后，开关 S 闭合。在整个充电过程中，非车载充电机控制装置监测接触器 K1、K2、K3、K4 的状态，电动汽车车辆控制装置监测接触器 K5 和 K6 状态并控制其接通及关断。

图 3-5 直流充电桩

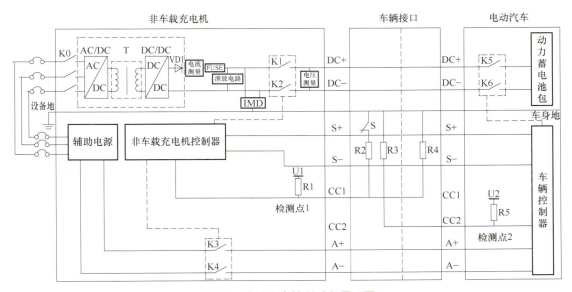

图 3-6 直流充电控制过程原理图

充电流程分为物理连接阶段、低压辅助上电、充电握手阶段、充电参数配置阶段、充电阶段和充电结束6个阶段。

1. 物理连接阶段

（1）充电枪自然状态　开关S闭合、未插入充电插座中的CC1，经R2、开关S与PE构成回路。此时非车载充电机控制器检测点1的电压为6V。

（2）物理连接阶段1　开关S断开、未插入充电插座（捏枪）。此时非车载充电机控制器检测点1的电压为12V。

（3）物理连接阶段2　开关S断开、插入充电插座（捏着插枪）。此时CC1回路经过车辆侧的电阻R4（1kΩ）经PE构成回路，非车载充电机控制器检测点1的电压为6V。车辆检测点2的CC2回路串电阻R3（1kΩ）经PE构成回路，车辆控制器检测点2的电压为6V。

（4）物理连接阶段3　开关S闭合、充电枪完全连接，电子锁动作（插入松手）。此时非车载充电机控制器通过测量检测点1的电压值判断车辆插头与车辆插座是否已完全连接，当检测点1的电压为4V时，则判断车辆接口完全连接。此时车辆控制器检测点2的电压为6V，判断已经连接。此时双方均已确认接口完全连接，电子锁锁定，车辆按国标要求应处于不可行驶状态。

【课堂小结】

总结整个物理连接阶段，检测点1的电压值和检测点2的电压值变化情况。

2. 低压辅助上电

辅助电源闭合，在车辆接口完全连接后，闭合K3和K4，使低压辅助供电回路导通。

3. 充电握手阶段

充电握手阶段分为握手起动、绝缘监测、泄放和握手辨识4个步骤。

（1）握手起动　当充电机和BMS完成物理连接并低压辅助上电后，进入握手起动阶段，充电机和BMS分别发送握手报文CHM和BH。CHM报文和BHM报文是为产品兼容的新增报文，用于在握手起动阶段充电机和BMS判断双方使用的标准版本。

（2）绝缘监测　在充电机端和车辆端均设置IMD（绝缘监测）电路，供电接口连接后到K5、K6闭合充电之前，由充电机负责充电机内部（含充电电缆）的绝缘检查。充电直流回路DC+与PE之间的绝缘电阻、DC-与PE之间的绝缘电阻，两者取小值R，当$R>500Ω$视为安全；$100Ω<R≤500Ω$时，宜进行绝缘异常报警，但仍可正常充电；$R≤100Ω$视为绝缘故障，应停止充电。

（3）泄放　充电机进行IMD检测后，应及时对充电输出电压进行泄放，避免在充电阶段对动力蓄电池负载产生电压冲击。泄放回路的参数选择应保证在充电插接器断开后1s内将供电接口电压降到DC 60V以下。

（4）握手辨识　残余电压泄放完毕后，退出泄放电路，断开接触器K1和K2，进入握手辨识步骤，双方同时开始周期发送通信辨识报文。充电机向BMS发送充电机辨识报文（CRM），BMS向充电机发送BMS和车辆辨识报文（BRM）。

4. 充电参数配置阶段

充电握手阶段完成后，充电机和BMS进入充电参数配置阶段。BMS首先向充电机发送动力蓄电池充电参数报文（BCP），充电机收到后配置充电参数并向BMS发送时间同步和充电机最大输出能力参数（CTS），BMS据此判断能否进行充电。如果不能充电，BMS向充电机发送动力蓄电池充电准备就绪参数 BRO=0×00；如果可以充电，BMS 向充电机发蓄电池充电准备就绪参数 BRO=0×AA，同时，车辆控制装置闭合 K5 和 K6，使充电回路导通。充电机收到 BRO=0×AA 后，判断充电机是否准备好充电。如果可以，充电机向 BMS 发送充电机充电准备就绪参数 CRO=0×AA，同时，非车载充电机控制装置闭合 K1 和 K2，使直流供电回路导通。

5. 充电阶段

充电配置阶段完成后，充电机和 BMS 进入充电阶段。在整个充电阶段，BMS 实时向充电机发送蓄电池充电总状态（BCS）和蓄电池充电需求报文（BCL），充电机收到后向蓄电池发送充电机充电状态（CCS），车辆开始充电。在充电过程中，充电机和 BMS 相互发送各自的充电状态。除此之外，BMS 根据要求向充电机发送动力蓄电池具体状态信息及电压、温度等信息（BSM）。

6. 充电结束

BMS 根据充电过程是否正常、蓄电池状态是否达到 BMS 自身设定的充电结束条件以及是否收到充电机中止充电报文（CST）来判断是否结束充电。在满足上述充电结束条件后，BMS 向充电机发送 BMS 终止充电报文（BST），在确认充电电流变得小于 5A 后断开 K5 和 K6；当达到操作人员设定的充电结束条件或收到 BMS 终止充电报文（BST）后，非车载充电机控制装置周期发送"充电机中止充电报文"，控制充电机停止充电并以不小于 100 A/s 的速率减小充电电流，当充电电流小于或等于 5A 时，断开 K1 和 K2。当操作人员实施了停止充电指令时，非车载充电机控制装置开始周期发送"充电机中止充电报文"，控制充电机停止充电，在确认充电电流变得小于 5A 后断开 K1、K2，并再次投入泄放回路，然后断开 K3、K4。

【头脑风暴】

请同学们思考，直流充电互操作性测试内容与交流充电互操作性测试有什么异同。

二、直流充电互操作性测试条件

根据 GB/T 34657.2—2017 的要求，直流充电互操作性测试所需要的环境条件、电源条件、仪器仪表要求和车辆要求与交流充电互操作性测试相同。不同的是，进行直流充电互操作性测试的车辆，其直流传导充电通信协议必须符合 GB/T 27930—2015 的规定，直流充电连接装置应满足 GB/T 20234.3—2015 的规定。

直流充电互操作性测试的认知	学习任务单	班级： 姓名：

1. GB/T 18487.1—2015 将充电流程分为物理连接完成、＿＿＿＿＿＿＿＿、＿＿＿＿＿＿＿＿、＿＿＿＿＿＿＿＿、＿＿＿＿＿＿＿＿和充电结束 6 个阶段。

2. 直流充电过程中，当检测点 1 和检测点 2 的电压分别为＿＿＿＿＿＿ V 和＿＿＿＿＿＿ V 时，表示车辆接口完全连接。

3. 直流充电过程中，充电机和 BMS 在完成握手起动后，要进行＿＿＿＿＿＿＿＿。

4. 直流充电互操作性测试中对充电控制过程的测试包括互锁测试、＿＿＿＿＿＿＿＿、＿＿＿＿＿＿＿＿、＿＿＿＿＿＿＿＿、＿＿＿＿＿＿＿＿和正常充电结束测试 6 个环节。

新能源汽车充电技术

【任务实施】 纯电动汽车直流充电互操作性测试

实训器材

吉利 EV450 纯电动汽车、充电设备装调工作平台（C-GY01+C-GZ02）、高压系统三合一测试负载（L-CS01）、示波器、钳形万用表、常用工具等，如图 3-7 所示。

作业准备

资料准备：设备说明书、维修手册、电路图和《电动汽车传导充电互操作性测试规范》。

设备准备：检查举升机；将车辆在工位停放周正；铺好车内和车外护套。

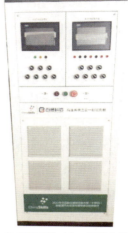

a) 充电设备装调工作平台　　b) 高压系统三合一测试负载

图 3-7　主要检测设备

【注意事项】

1) 遵守实训安全规程，做好个人安全防护、实训设备防护。
2) 操作中恪守国标要求，养成标准意识。
3) 操作中细心严谨，保证检测数据准确性，养成质量意识。

【操作步骤】

一、充电控制过程测试步骤

1. 车辆充电与行驶互锁测试

序号	操作示意图	操作方法	标准
1		先插枪再起动：车辆处于驱动系统电源切断状态下，将直流充电枪与车辆插座完全插合，检查车辆能否行驶	车辆不能移动

(续)

序号	操作示意图	操作方法	标准
2	 	先起动再插枪： ① 起动车辆到 READY 状态，并挂到 D 档 ② 将直流充电枪与车辆插座完全插合，检查车辆能否移动	车辆不能移动

2. 连接确认测试

序号	操作示意图	操作方法	标准
1	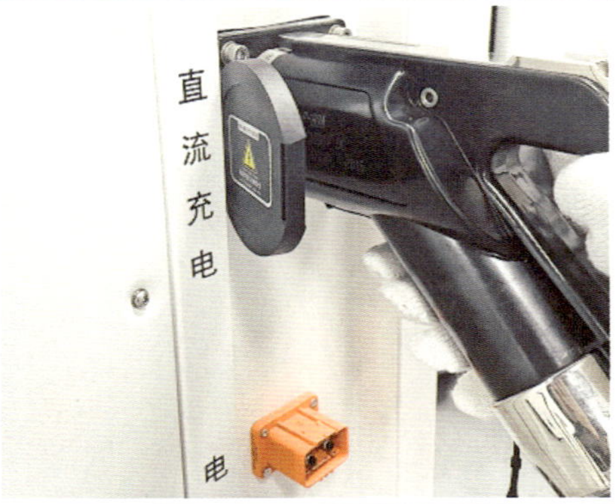	将直流充电枪与车辆插座完全插合	没有松动
2	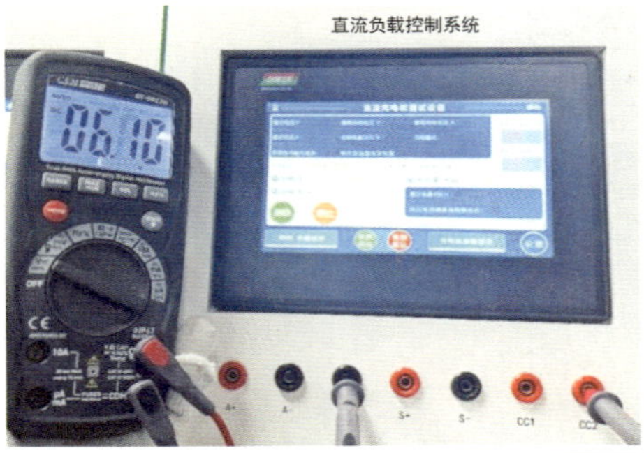	检查直流负载控制系统上检测点 2（CC2）的电压值	6V 左右
3	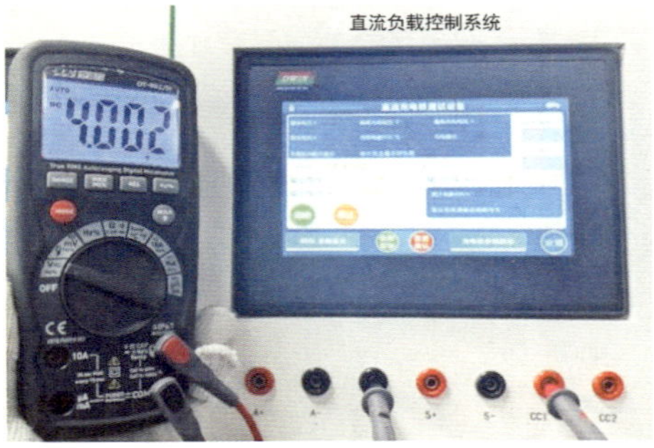	检查检测点 1（CC1）的电压值	4V 左右

新能源汽车充电技术

3. 自检阶段测试

序号	操作示意图	操作方法	标准
1	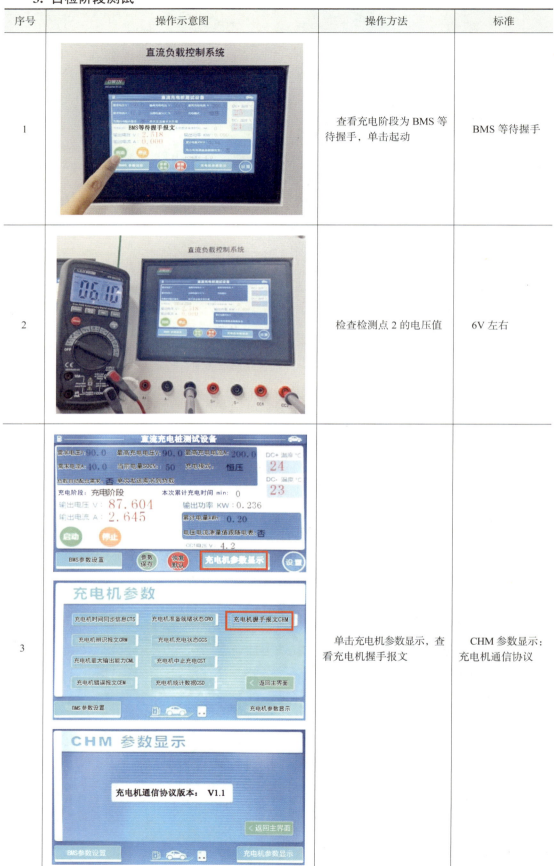	查看充电阶段为 BMS 等待握手，单击起动	BMS 等待握手
2		检查检测点 2 的电压值	6V 左右
3		单击充电机参数显示，查看充电机握手报文	CHM 参数显示：充电机通信协议

118

（续）

序号	操作示意图	操作方法	标准
4	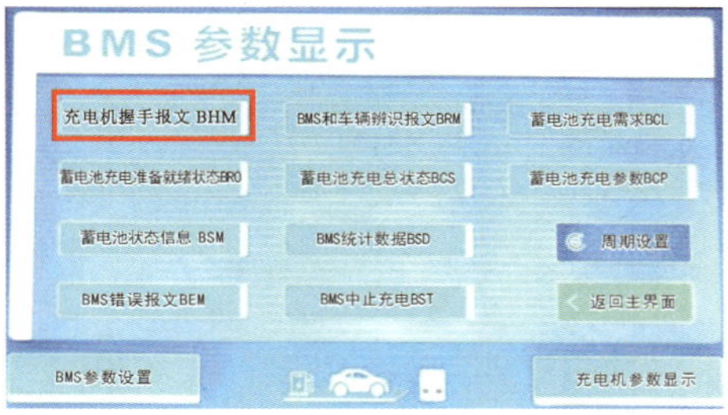 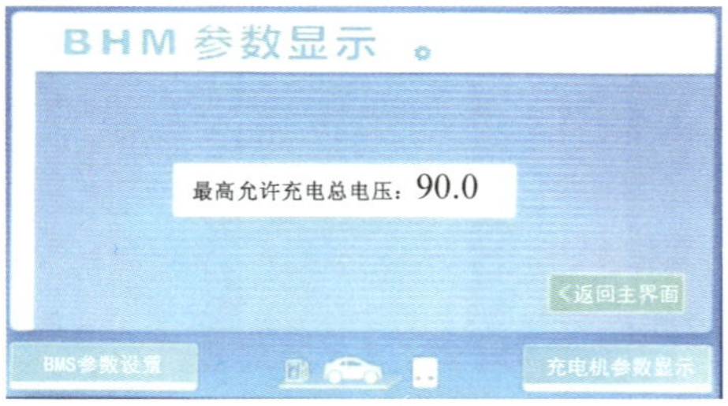	单击BMS参数设置，查看车辆握手报文	BHM参数显示：最高允许充电电压90V
5	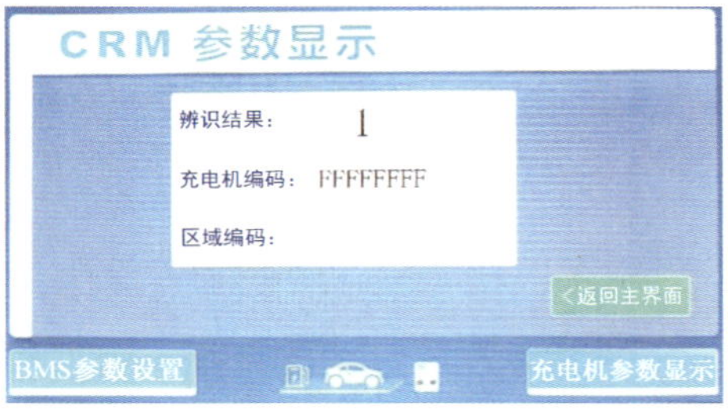 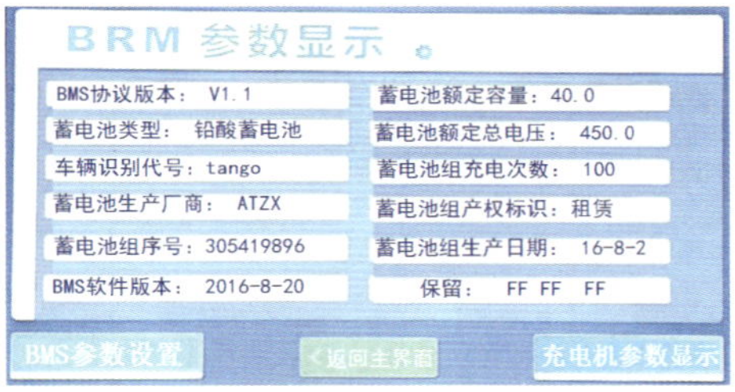	分别查看充电机辨识报文、BMS和车辆辨识报文	CRM参数显示：辨识结果1

4. 充电准备就绪测试

序号	操作示意图	操作方法	标准
1	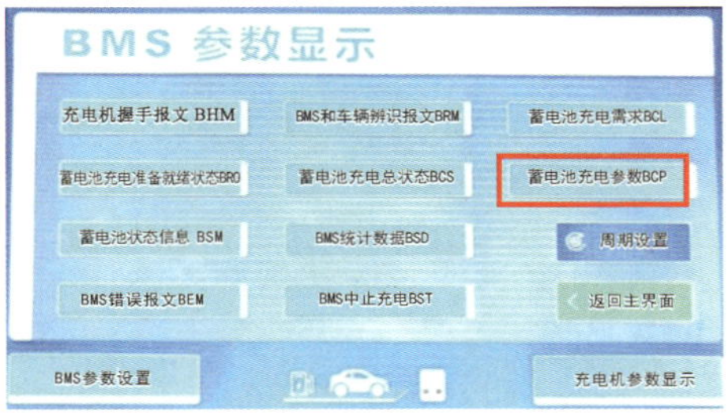 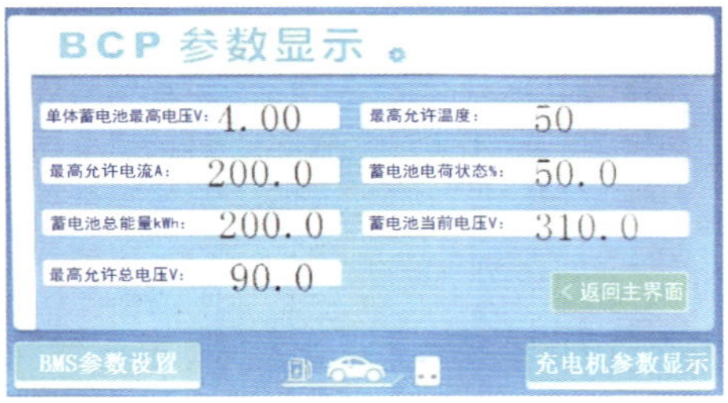	检查蓄电池充电参数报文	BCP参数显示如图所示

序号	操作示意图	操作方法	标准
2	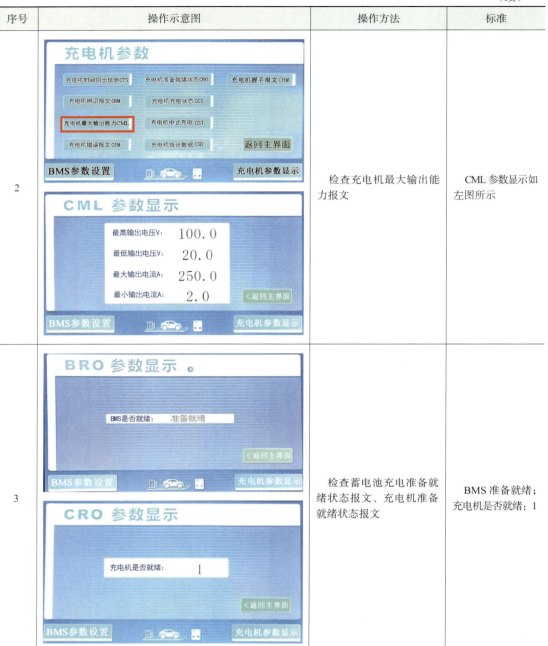	检查充电机最大输出能力报文	CML 参数显示如左图所示
3		检查蓄电池充电准备就绪状态报文、充电机准备就绪状态报文	BMS 准备就绪；充电机是否就绪：1

5. 充电阶段测试

序号	操作示意图	操作方法	标准
1		检查蓄电池充电需求报文	BCL 参数显示如左图所示

（续）

序号	操作示意图	操作方法	标准
2	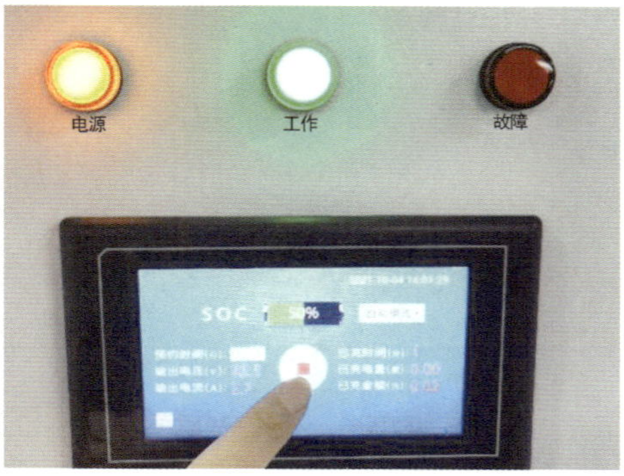	起动充电桩开始充电	开始充电
3	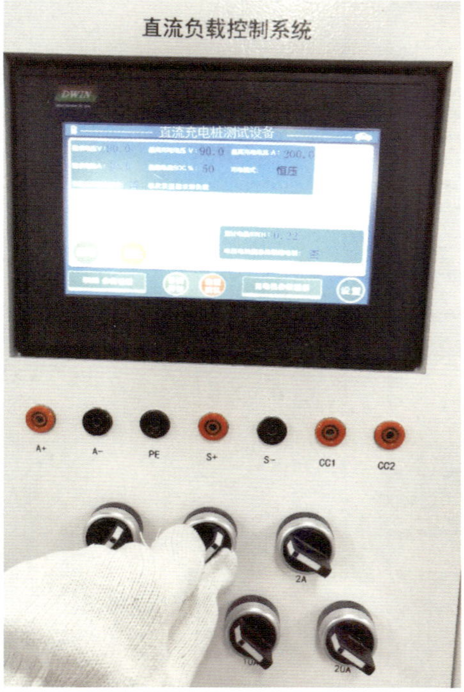	调节充电电流	调节后输出电流随之变化
4	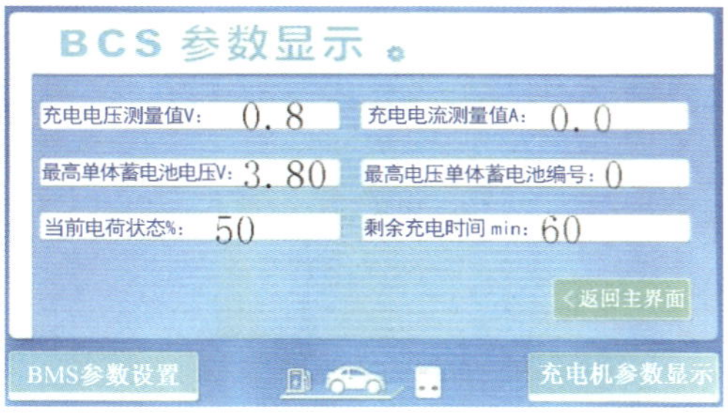	检查蓄电池充电总状态报文	BCS 参数显示如左图所示
5	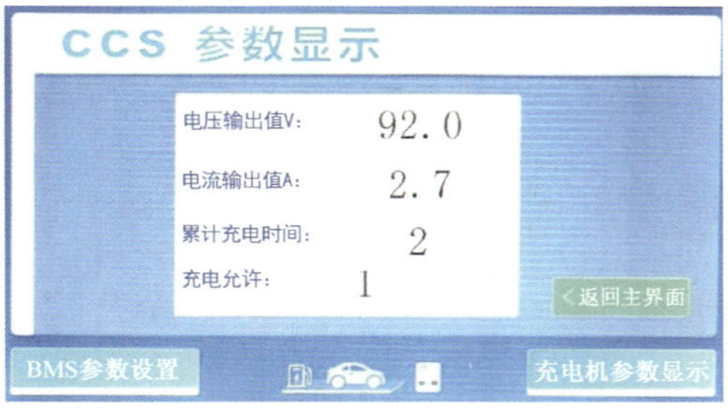	检查充电机充电状态报文	充电允许：1

序号	操作示意图	操作方法	标准
6	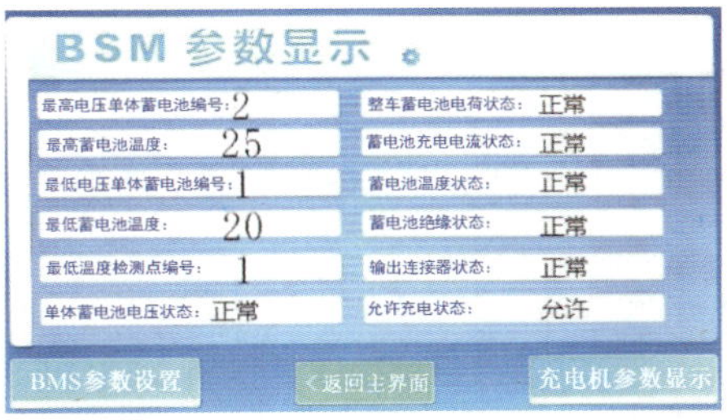 BSM 参数显示	检查蓄电池状态信息报文	蓄电池状态正常

6. 正常充电结束测试

序号	操作示意图	操作方法	标准
1	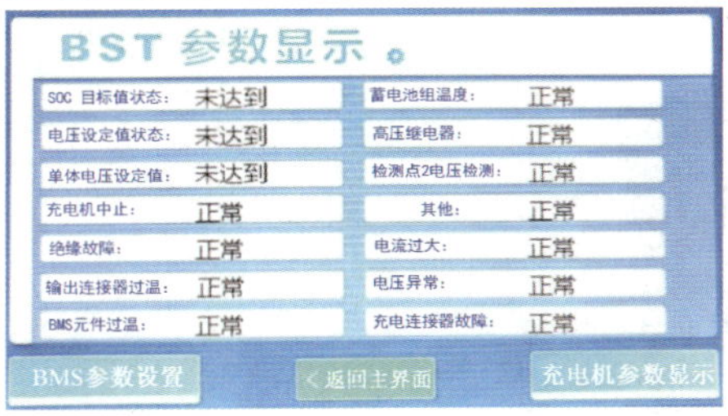 BST 参数显示	车辆达到充电结束条件后,检查 BMS 中止充电报文	BST 参数显示如左图所示
2	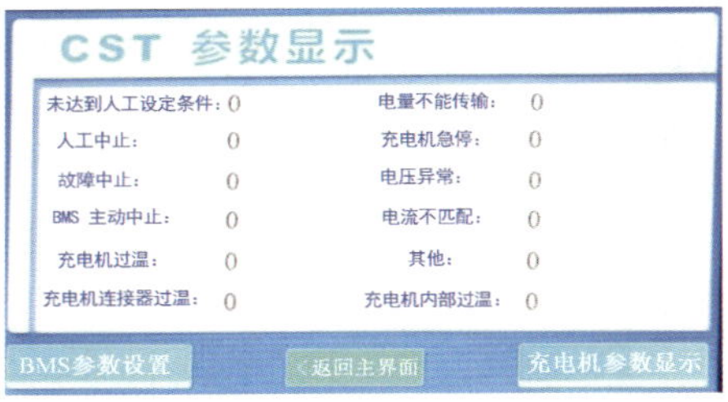 CST 参数显示	检查充电机中止充电报文	CST 参数显示如左图所示
3	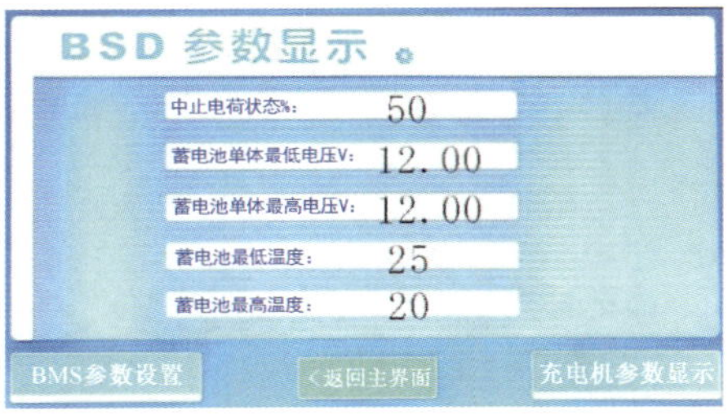 BSD 参数显示	检查 BMS 统计数据	BSD 参数显示如左图所示

二、充电连接控制时序测试

序号	操作示意图	操作方法	标准
1	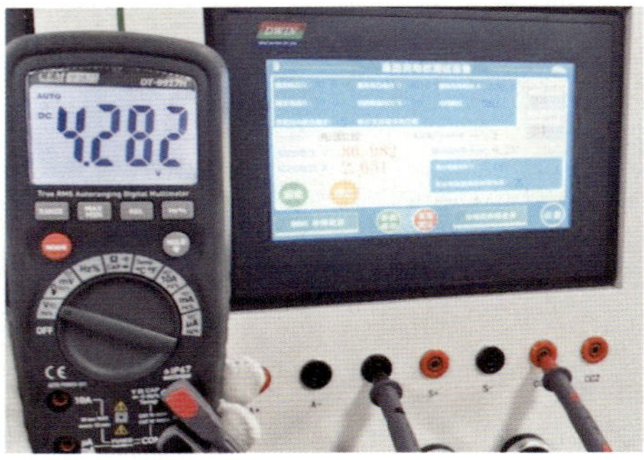	正常充电过程中,检查 CC1 的电压值	4.28V 左右

项目三　充电系统的性能测试

（续）

序号	操作示意图	操作方法	标准
2		正常充电流程中，检查CC2的电压值；同时注意充电控制过程测试操作，注意控制时序是否正常	6.11V 左右

三、充电异常状态测试

1. 绝缘故障测试

序号	操作示意图	操作方法	标准
1		正常充电过程中，设置充电电流小于5A	显示输出电流小于5A
2		在直流负载控制系统中，选择设置	

123

(续)

序号	操作示意图	操作方法	标准
3		单击漏电电阻设置	
4		依次设置不同测试电阻，即22.9kΩ、24.8kΩ、29.7kΩ、33kΩ、75kΩ、100kΩ、300kΩ	
5		检查车辆的通信状态	BMS 未启动

2. 通信中断测试

序号	操作示意图	操作方法	标准
1		正常充电过程中，设置充电电流小于5A	显示输出电流小于5A
2		设置S+与S-之间短路故障，模拟非车载充电机通信超时，同时查看直流负载控制系统的充电状态	直流负载控制系统充电状态显示充电阶段：错误报文

（续）

序号	操作示意图	操作方法	标准
3	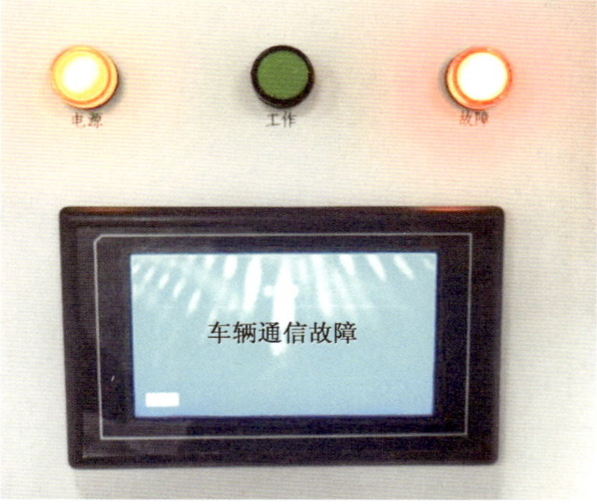	查看充电桩状态	车辆通信故障

3. R4 故障测试

序号	操作示意图	操作方法	标准
1	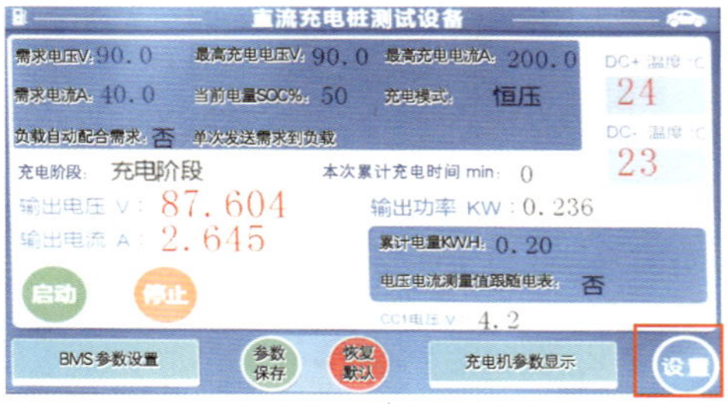	正常充电过程中，单击直流负载控制系统设置	
2	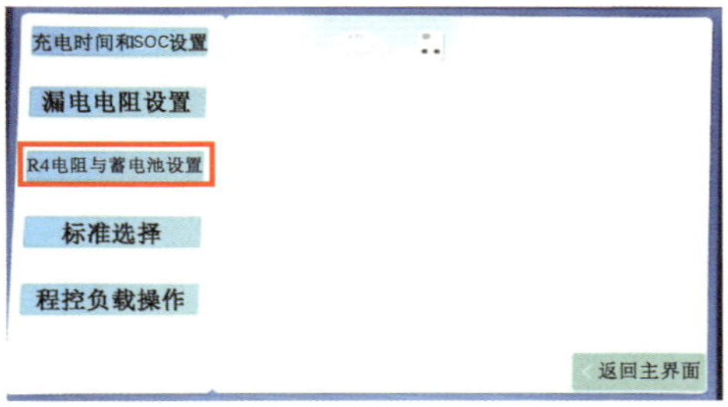	单击电阻 R4 与蓄电池设置	如左图所示
3	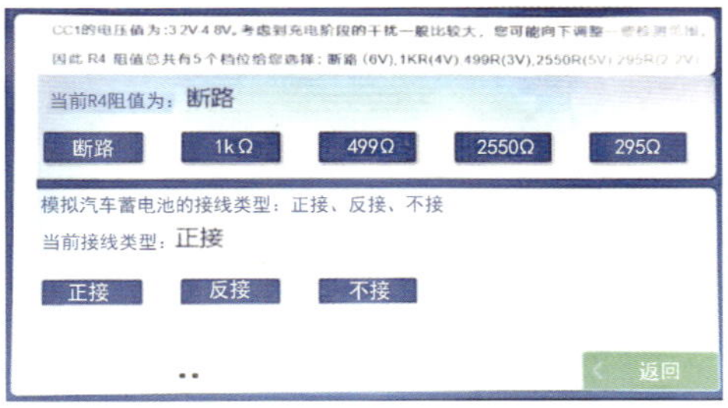	设置 R4 阻值分别为断路、1kR、499R、2550R、295R	
4		检查直流负载控制系统的状态	BMS 未启动

125

（续）

序号	操作示意图	操作方法	标准
5	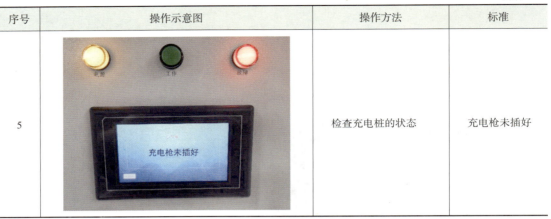	检查充电桩的状态	充电枪未插好

【大赛风采】

1. 在测量信号时，应按照测试条件设置车辆及设备。
2. 应准确记录测量结果，并给出实测值是异常还是正常的判断结果。

直流充电互操作性测试的认知		工作任务单	班级：	
			姓名：	
1. 车辆信息记录					
品牌		整车型号		生产日期	
驱动电机型号		动力蓄电池电量		行驶里程	
车辆识别代号					
2. 作业场地准备					
检查、设置隔离栏				□是 □否	
检查、设置安全警示牌				□是 □否	
检查灭火器压力、有效期				□是 □否	
安装车辆挡块				□是 □否	
3. 画直流充电系统电路简图					

(续)

4. 检测内容

1）车辆充电与行驶互锁测试

检测对象	检测条件	检测值	标准值	结果判断
吉利 EV450 纯电动汽车	先插枪再起动		不能行驶	
吉利 EV450 纯电动汽车	先起动再插枪		不能行驶	

2）连接确认测试

检测对象	检测条件	检测值	标准值	结果判断
CC2 电压	已插枪未充电		6V	
CC1 电压	已插枪未充电		4V	

3）自检阶段测试

检测对象	检测条件	检测值	标准值	结果判断
CC2 电压	已插枪未充电		6V	

检测对象	检测条件	检测结果		结果判断
充电机握手报文	已插枪未充电	□正常	□不正常	
车辆握手报文	已插枪未充电	□正常	□不正常	
充电机辨识报文	已插枪未充电	□正常	□不正常	
BMS 辨识报文	已插枪未充电	□正常	□不正常	

4）充电准备就绪测试

检测对象	检测条件	检测结果		结果判断
蓄电池充电参数报文	已插枪未充电	□正常	□不正常	
充电机最大输出能力报文	已插枪未充电	□正常	□不正常	
蓄电池充电准备就绪状态报文	已插枪未充电	□正常	□不正常	
充电机准备就绪状态报文	已插枪未充电	□正常	□不正常	

5）充电阶段测试

检测对象	检测条件	检测结果		结果判断
蓄电池充电需求报文	已插枪未充电	□正常	□不正常	
蓄电池充电总状态报文	正在充电	□正常	□不正常	
充电机充电状态报文	正在充电	□正常	□不正常	
蓄电池状态信息报文	正在充电	□正常	□不正常	

(续)

6）正常充电结束测试

检测对象	检测条件	检测结果		结果判断
BMS中止充电报文		□正常	□不正常	
充电机中止充电报文		□正常	□不正常	
BMS统计数据		□正常	□不正常	

7）充电连接控制时序测试

检测对象	检测条件	检测值	标准值	结果判断
CC2 电压	正在充电		6V	
CC1 电压	正在充电		4V	

检测对象	检测条件	检测结果		结果判断
充电接口连接确认	已插枪未充电	□正常	□不正常	
设备自检	已插枪未充电	□正常	□不正常	
充电准备就绪	已插枪未充电	□正常	□不正常	
起动充电	正在充电	□正常	□不正常	
结束充电报文	结束充电	□正常	□不正常	
控制时序	从插枪到结束充电	□正常	□不正常	

8）绝缘故障测试

检测对象	检测条件	检测结果		结果判断
车辆的通信状态	DC+：不漏电	正常		
	DC+：22.9kΩ	□正常	□不正常	
	DC+：24.8kΩ	□正常	□不正常	
	DC+：29kΩ	□正常	□不正常	
	DC+：33kΩ	□正常	□不正常	
	DC+：75kΩ	□正常	□不正常	
	DC+：100kΩ	□正常	□不正常	
	DC+：300kΩ	□正常	□不正常	
	DC−：不漏电	正常		
	DC−：22.9kΩ	□正常	□不正常	
	DC−：24.8kΩ	□正常	□不正常	
	DC−：29.7kΩ	□正常	□不正常	
	DC−：33kΩ	□正常	□不正常	
	DC−：75kΩ	□正常	□不正常	
	DC−：100kΩ	□正常	□不正常	
	DC−：300kΩ	□正常	□不正常	

（续）

9）绝缘故障测试

检测对象	检测条件	检测结果	检测标准	结果判断
直流负载控制系统状态	充电过程中，S+ 与 S- 之间短路		错误报文	
充电桩状态	充电过程中，S+ 与 S- 之间短路		车辆通信故障	

10）R4 故障测试

检测对象	检测条件	检测结果		结果判断
直流负载控制系统状态	R4 阻值为断路	□正常	□BMS 未起动	
充电桩状态	R4 阻值为断路	□正常	□充电枪未插好	
直流负载控制系统状态	R4 阻值为 1kR	□正常	□BMS 未起动	
充电桩状态	R4 阻值为 1kR	□正常	□充电枪未插好	
直流负载控制系统状态	R4 阻值为 499R	□正常	□BMS 未起动	
充电桩状态	R4 阻值为 499R	□正常	□充电枪未插好	
直流负载控制系统状态	R4 阻值为 2550R	□正常	□BMS 未起动	
充电桩状态	R4 阻值为 2550R	□正常	□充电枪未插好	
直流负载控制系统状态	R4 阻值为 295R	□正常	□BMS 未起动	
充电桩状态	R4 阻值为 295R	□正常	□充电枪未插好	

5. 竣工检验

车辆是否正常上电	□是 □否
车辆是否正常切换档位	□是 □否

6. 作业场地恢复

拆卸车内三件套	□是 □否
拆卸翼子板布	□是 □否
将高压警示牌等放至原位置	□是 □否
清洁、整理场地	□是 □否

【课证融通考评单】 直流充电互操作性测试的认知		实习日期：		
姓名：	班级：	学号：		教师签名：
自评：□熟练 □不熟练	互评：□熟练 □不熟练	师评：□合格 □不合格		
日期：	日期：	日期：		

评分项目	评分细项	配分	扣分		
			自评	互评	师评
工作准备	穿戴绝缘鞋进入工位	1			
	进入工位后设置隔离栏	1			
	在工位入口处放置安全警示牌	1			
	检查干粉灭火器压力值	1			
	检查绝缘手套耐压等级	1			
	检查绝缘手套密封性	1			
	检查酸碱性手套有无破损	1			
	检查护目镜有无破损	1			
	检查安全帽有无破损	1			
	进行数字万用表校零	1			
车辆充电与行驶互锁测试	进行车辆下电	2			
	将车辆插头与车辆插座完全插合	2			
	在 READY 状态并挂到 D 档插枪	2			
	检查检查车辆能够移动	2			
	恢复车辆与设备	2			
连接确认测试	检查充电桩状态	2			
	将车辆插头与车辆插座完全插合	2			
	检查 CC1 电压	2			
	检查 CC2 电压	2			
充电准备就绪	起动充电	2			
	检查 CC2 电压	2			
	查看充电机握手报文	2			
	查看车辆握手报文	3			
	查看充电机辨识报文	3			
	查看车辆辨识报文	3			

（续）

评分项目	评分细项	配分	扣分		
			自评	互评	师评
充电准备就绪测试	检查蓄电池充电参数报文	2			
	检查充电机最大输出能力报文	3			
	检查蓄电池充电准备就绪状态报文	3			
	检查充电机准备就绪状态报文	3			
充电阶段测试	检查蓄电池充电需求报文	3			
	起动充电桩开始充电，调节充电电流	2			
	检查蓄电池充电总状态报文	3			
	检查充电机充电状态报文	3			
	检查蓄电池状态信息报文	3			
正常充电结束测试	检查BMS中止充电报文	3			
	检查充电机中止充电报文	3			
	检查BMS统计数据	2			
充电连接控制时序测试	检查CC1电压值	2			
	检查CC2电压值	2			
	正确判断分析控制时序是否正常	2			
充电异常状态测试	设置充电电流	2			
	选择漏电电阻	2			
	检查车辆的通信状态	2			
通信中断测试	设置充电电流	2			
	设置S+与S-之间短路故障	2			
	查看充电桩状态	2			
R4故障测试	设置设置R4电阻值	2			
	检查直流负载控制系统充电状态	2			
	检查充电桩状态	2			
总得分					
平均分					

项目四

充电系统的故障检修

吉利 EV450 纯电动汽车充电系统按功能分为直流快充、交流慢充、低压充电和制动能量回收 4 种形式。下面主要介绍交流充电系统和直流充电系统的故障检修。

```
项目四 充电系统的故障检修
├── 学习情境一  交流充电系统的故障检修
│   ├── 任务一  交流充电系统的数据采集与分析
│   └── 任务二  交流充电系统的故障诊断与排除
└── 学习情境二  直流充电系统的故障检修
    ├── 任务一  直流充电系统的数据采集与分析
    └── 任务二  直流充电系统的故障诊断与排除
```

近年来随着蔚来、小鹏、吉利、比亚迪等民族汽车品牌在全球纯电动汽车市场迅速崛起，我国在全球市场中的主导地位日益凸显。目前充电桩的数量已成为限制纯电动汽车发展的最大因素之一，我国正大力发展纯电动汽车充电（换电）基础设施。2020 年 4 月，国家发改委正式发布我国七大新基建建设内容，其中电动汽车充电桩建设位列其中。

学习情境一

交流充电系统的故障检修

扫一扫

交流充电系统的数据采集与分析

交流充电是最常见的充电方式,虽然相较直流充电的充电时间长,但有利于延长动力蓄电池的使用寿命,且充电方式较灵活,因此,交流充电是占据着市场主流的充电方式,相应的故障报修率激增。

任务一 交流充电系统的数据采集与分析

【学习目标】

知识目标:

1)掌握交流充电系统的整车控制策略。
2)掌握交流充电系统的数据标准值和分析方法。

技能目标:

1)具有熟练使用电路图和维修手册,分析电路图和引脚定义的能力。
2)具有正确地采集交流充电系统数据的能力。
3)具有对数据进行判断和分析的能力。

素养目标:

1)能够在工作过程中与小组其他成员合作、交流,养成团队合作意识,锻炼沟通能力。

2）养成认识问题、分析问题和解决问题的能力。
3）养成 7S 管理的工作习惯；

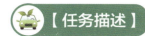【任务描述】

一位吉利 EV450 纯电动汽车车主反映无法使用交流充电方式进行充电，维修人员检查后发现，交流充电异常，需要对该车交流充电系统进行维修。技术总监以此故障为例要求维修技师对交流充电系统进行数据采集与分析并查找可能的异常数据。

【获取信息】

一、交流充电系统控制策略

交流充电系统主要由交流充电桩（或随车充电设备）、交流充电插头、交流充电插座（带充电电缆）、车载充电机、高压控制盒、动力蓄电池、DC/DC 变换器、辅助蓄电池以及各种充电电缆和低压控制线束等组成。吉利 EV450 纯电动汽车交流充电系统结构如图 4-1 所示。

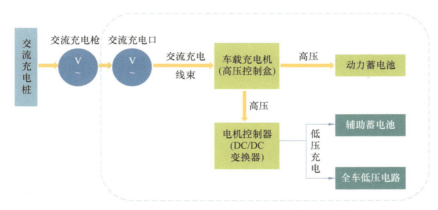

图 4-1 吉利 EV450 纯电动汽车交流充电系统结构

吉利 EV450 纯电动汽车的车载充电机与高压控制盒集成在一起，电机控制器（MCU）与 DC/DC 变换器集成在一起。当车辆插上交流充电插头时，车载充电机检测交流充电接口的 CC 确认信号被激活，并通过 P-CAN 唤醒动力蓄电池管理系统（BMS）和整车控制器，车载充电机通过 CP 信号确认充电设备与车辆已连接，充电设备进入准备阶段。当 CC、CP 信号完全正常后，车载充电机起动充电模式，BMS 对系统低压供电、动力蓄电池温度、SOC 值、故障信息、单体蓄电池信息等进行自检，同时对主正、主负、预充继电器进行粘连检测。车载充电机、BMS、DC/DC 变换器、P-CAN 进行数据交换，BMS 向车载充电机发送动力蓄电池最高允许充电电压、最高允许充电电流等参数信息，并向 MCU 发送电机控制器禁止起动命令。自检完成没有异常后，BMS 向车载充电机发送充电指令并闭合主继电器，动力蓄电池开始充电。

如图 4-1 所示，交流充电桩上的 220V 交流电通过充电插头连接至车上交流充电插座，然后至车载充电机，将交流电升压整流为 DC346V 高压电后给动力蓄电池充电，同时车载充电机将高压电分配给 DC/DC 变换器，通过 DC/DC 变换器将高压直流电转变成低压直流电给全车 12V 低压电路供电和辅助蓄电池充电。

二、交流充电系统电路图分析

交流充电系统中有可能发生各种故障，错误的处理方式会给企业和个人造成损失。而正确的诊断及处理方式不能来自于主观猜测，应该建立在获取相关信息的基础上，结合交流充电系统结构、工作原理以及电路图和维修手册等进行分析后，按照合理的步骤进行诊断与排除。交流充电系统电路图如图 4-2 所示。

从电路图中可看出，BV10/4 是车载充电机的电源端子，由 EF27 熔丝供电；BV10/6 是车载充电机的接地端子；BV10/54 和 BV10/55 分别是 PCAN-L 与 PCAN-H 端子；CC 信号通过交流充电插座端子 BV24/6 与车载充电机的端子 BV10/39 之间的线束进行传递；CP 信号通过车载充电机的端子 BV10/50 与交流充电插座端子 BV24/7 之间的线束进行传递。电路图中的其他端子连接可参考后面的端子定义，不在此赘述。

三、交流充电系统插接器端子定义

1. 车载充电机低压线束插接器（BV10）

车载充电机低压线束插接器（BV10）如图 4-3 所示，其端子定义见表 4-1。

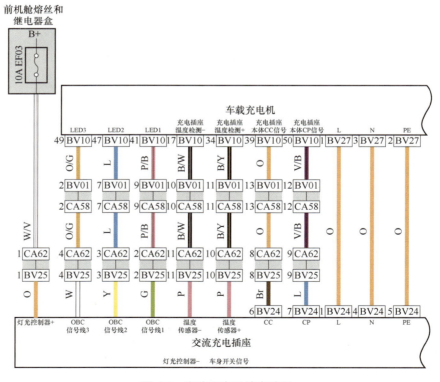

图 4-2　交流充电系统电路图

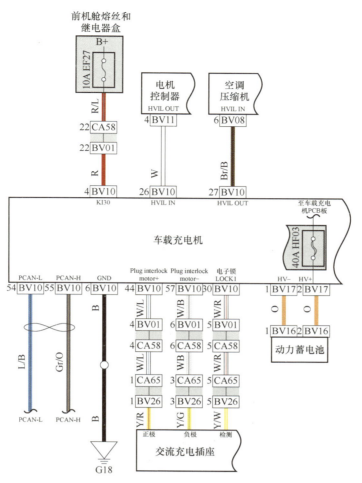

图 4-2 交流充电系统电路图（续）

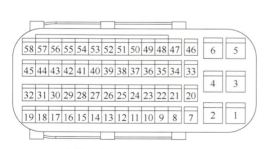

图 4-3 车载充电机低压线束插接器（BV10）

表 4-1 车载充电机低压线束插接器端子定义

端子号	端子定义
4	KL30
6	接地
17	充电插座温度检测 1 地
19	唤醒
26	高压互锁入
27	高压互锁出
34	充电插座温度检测 1
39	CC 信号检测
50	CP 信号检测
54	CAN-L
55	CAN-H

2. 交流低压线束插接器（BV25）

交流低压线束插接器（BV25）如图 4-4 所示，其端子定义见表 4-2。

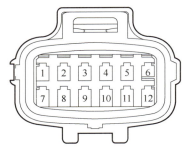

图 4-4　交流低压线束插接器（BV25）

表 4-2　交流低压线束插接器端子定义

端子号	端子定义
1	灯光控制器
2	车载充电机信号线 1
3	车载充电机信号线 2
4	车载充电机信号线 3
8	CC 信号线检测
9	CP 信号线检测
10	温度传感器 + 检测
11	温度传感器 - 检测

3. 交流充电插座线束插接器（BV24）

交流充电插座线束插接器（BV24）如图 4-5 所示，其端子见表 4-3。

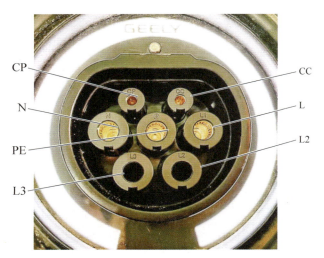

图 4-5　交流充电插座线束插接器（BV24）

表 4-3　交流充电插座线束插接器端子定义

端子号	端子定义
L	火线
N	零线
PE	地线
CC	充电连接确认信号
CP	充电控制导引信号
L2	空脚（预留）
L3	空脚（预留）

四、交流充电系统的数据标准值采集

1. 交流充电插头的电阻值测量

通过测量交流充电插头端子 CC 到端子 PE 的电阻（标准值见表 4-4），判断交流充插头端子 CC 到 PE 是否正常。

表 4-4 充电插头端子 CC 到端子 PE 的电阻标准值

测量对象	测试条件	标准值
交流充电插头端子 CC 到 PE 的电阻值	未按充电插头 S3 开关	1.49kΩ
	按下充电插头 S3 开关	3.42kΩ

2. 车载充电机端子 CC 和 CP 信号测量

在不插枪的情况下，车载充电机内部输出一个 10.5V 左右的电位到交流充电插头电路中。按压交流充电插头上的开关 S3，插入车辆交流充电插座内，此时车载充电机上的电压被降低至 1.71V 左右；松开开关 S3，CC 信号通过充电插头内部的 RC 和 S3 与端子 PE 接通，电位被降低至 0.77V 左右。车载充电机端子 CC、CP 对地电压见表 4-5。

表 4-5 车载充电机端子 CC、CP 对地电压

测量对象	测量条件	标准值
车载充电机的低压线束插接器 BV10 端子 39 对地电压	不插枪	10.5V 左右
	插枪后，按住开关 S3	1.71V 左右
	插枪后，松开开关 S3	0.77V 左右
车载充电机的低压线束插接器 BV10 端子 50 对地电压波形	不插枪	12V
	插枪	9V
	充电设备自检通过后，S1 切换至 12V 的 PWM，车载充电机端子 CP 信号被内部电路降低至 9V 的 PWM	
	车载充电机自检通过后，其内部开关 S2 闭合，车载充电机端子 CP 信号被降低至 6V 的 PWM 信号	

3. 车载充电机 PCAN 信号波形采集

车辆在交流充电过程中，车载充电机通过 PCAN 与动力蓄电池管理系统（BMS）、整

车控制器整车控制器、DC/DC 变换器、电机控制器（MCU）、组合仪表和车身控制模块（BCM）等进行通信。

使用示波器采集 CAN-H 和 CAN-L 的信号波形见表 4-6。

表 4-6　车载充电机 PCAN 信号波形

测量对象	测试条件	标准值
PCAN-H：车载充电机低压线束插接器 BV10 端子 55 对地电压波形	正常充电	
PCAN-L：车载充电机低压线束插接器 BV10 端子 54 对地电压波形	正常充电	

4. 车载充电机到交流充电插座的线束导通性测量

线束的断路、短路、虚接等是交流充电系统的常见故障点，其线束导通性测量见表 4-7 所示。

表 4-7　线束导通性测量

测量对象	测试条件	标准值	备注
车载充电机低压线束插接器 BV27 端子 2 对地电阻	起动开关置于 OFF 档	<1Ω	车载充电机故障设置盒
低压线束插接器 BV10 端子 39 到低压线束插接器 BV25 端子 8 之间线束的电阻值			
车载充电机低压线束插接器 BV10 端子 50 到交流充电插座线束插接器 BV24 端子 7 之间线束的电阻值			
车载充电机低压线束插接器 BV10 端子 17 到低压线束插接器 BV25 端子 11 之间线束的电阻值			
车载充电机低压线束插接器 BV10 端子 34 到低压线束插接器 BV25 端子 10 之间线束的电阻值			

交流充电系统的数据采集与分析	学习任务单	班级：
		姓名：

1. 查询维修手册，填写车载充电机低压线束插接器的端子定义及颜色。

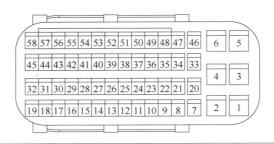

140

端子号	端子定义
4	
6	
17	
19	
26	
27	
34	
39	
50	
54	
55	

2. 在不插枪的情况下，车载充电机内部输出一个_____V 左右的电位到交流充电插头 CC 电路中。按压交流充电插头上的锁止开关，插入车辆慢充口内，车载充电机上的电压被降低至_____V 左右；松开锁止开关，交流充电插头与 CC 内部接通，车载充电机端电位被降低至_____V 左右。

【任务实施】交流充电系统的数据采集与分析

实训器材

吉利 EV450 纯电动汽车、故障诊断仪、示波器、万用表、车载充电机转接盒、车载充电机故障设置盒等常用工具，电路图和维修手册等。

作业准备

检查举升机；将车辆在工位停放周正；铺好车内和车外护套。

扫一扫

交流充电系统的数据采集与分析（任务实施）

【注意事项】

1）使用万用表检测前，要先选择正确的档位。
2）注意在操作过程中保护好自身安全。

【操作步骤】

序号	操作示意图	操作方法	标准
1		测量车载充电机低压线束插接器 BV10 端子 39 对地电压（未插枪）	10.5V 左右

（续）

序号	操作示意图	操作方法	标准
2		测量车载充电机低压线束插接器 BV10 端子 39 对地电压（按下 S3 开关）	1.71V 左右
3		测量车载充电机低压线束插接器 BV10 端子 39 对地电压（松开 S3 开关）	0.77V 左右
4		测量充电座端子 CC 到车载充电机低压线束插接器 BV10 端子 39 的电阻值	<1Ω
5		测量交流充电插头上端子 CC 到端子 PE 的电阻值（松开 S3 开关）	1.5kΩ 左右
6		测量交流充电插头上端子 CC 到端子 PE 的电阻值（按下 S3 开关）	3.3 kΩ 左右

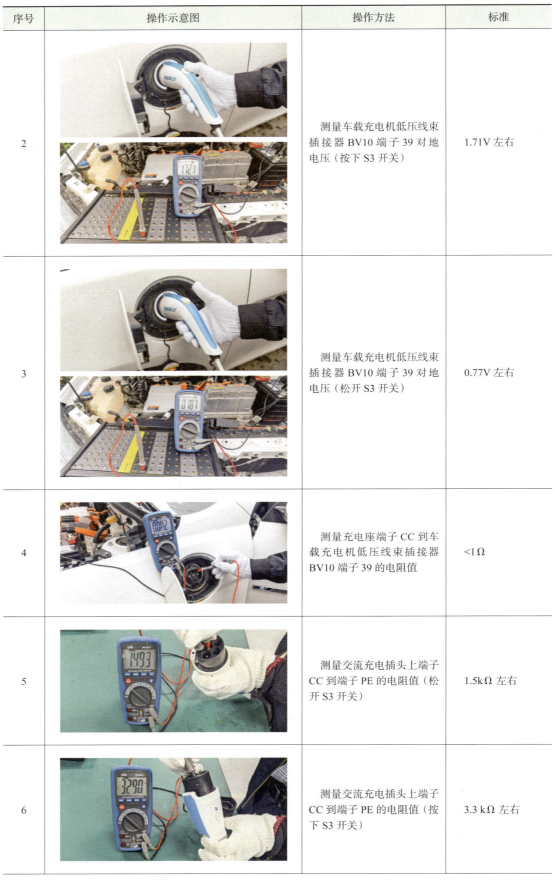

项目四　充电系统的故障检修

（续）

序号	操作示意图	操作方法	标准
7		测量车载充电机低压线束插接器 BV10 端子 55 的 PCAN-H 对地电压波形	见表 4-6
8		测量车载充电机低压线束插接器 BV10 端子 54 的 PCAN-L 对地电压波形	见表 4-6
9		测量车载充电机低压线束插接器 BV10 端子 50 的 CP 对地电压波形	见表 4-5
10		测量 BV10 端子 17 到 BV25 端子 11 之间的线束电阻	<1Ω
11		测量 BV10 端子 34 到 BV25 端子 10 之间的线束电阻	
12		测量 BV10 端子 17 对地电阻	
13		测量 BV10 端子 50 到 BV24 端子 7 之间的线束电阻	

（续）

序号	操作示意图	操作方法	标准
14		测量 BV10 端子 39 到 BV24 端子 6 之间的线束电阻	<1Ω

【大赛风采】

1. 连接故障诊断仪读取故障码时，由于可能存在历史故障码，使车辆进入功能保护模式，所以需要先清除故障码，再读取记录出现的故障码。

2. 大赛中，在填写工单上的"可能故障范围"时，应尽可能涵盖相关故障点并以简单的语言概括和归类。

3. 在填写工单上的"诊断步骤"时，应对检测条件、检测对象、检测值、结果判断等进行准确描述。

交流充电系统数据采集与分析		工作任务单	班级：
^^^			姓名：

1. 车辆信息记录

品牌		整车型号		生产日期	
驱动电机型号		动力蓄电池电量		行驶里程	
车辆识别代号					

2. 作业场地准备

检查、设置隔离栏	□是 □否
检查、设置安全警示牌	□是 □否
检查灭火器压力、有效期	□是 □否
安装车辆挡块	□是 □否

3. 记录故障现象

4. 使用故障诊断仪读取故障码、数据流

故障码	□无 DTC □有 DTC：
数据流	

5. 画交流充电系统电路简图

（续）

6. 数据采集

检测对象	检测条件	检测值	实准值	结果判断
交流充电插头端子 CC 到 PE 的电阻值	未按充电插头开关 S3	1.49kΩ		
	按下充电插头开关 S3	3.42kΩ		
车载充电机低压线束插接器 BV10 端子 39 对地电压	不插枪	10.5V 左右		
	插枪后，按住开关 S3	1.71V 左右		
	插枪后，松开开关 S3	0.77V 左右		
车载充电机低压线束插接器 BV10 端子 50 对地电压波形	不插枪	见表 4-5		
	插枪			
车载充电机低压线束插接器 BV10 端子 54 对地电压波形	正常充电	见表 4-6		
车载充电机低压线束插接器 BV10 端子 55 对地电压波形	正常充电	见表 4-6		
车载充电机低压线束插接器 BV10 端子 39 到低压线束插接器 BV25 端子 8 之间的线束电阻值	起动开关置于 OFF 档	<1Ω		
车载充电机低压线束插接器 BV10 端子 50 到交流充电插座线束插接器 BV24 端子 7 之间的线束电阻值	起动开关置于 OFF 档	<1Ω		
车载充电机低压线束插接器 BV10 端子 17 到低压线束插接器 BV25 端子 11 之间的线束电阻值	起动开关置于 OFF 档	<1Ω		
车载充电机低压线束插接器 BV10 端子 34 到低压线束插接器 BV25 端子 10 之间的线束电阻值	起动开关置于 OFF 档	<1Ω		

7. 竣工检验

车辆是否正常上电			□是 □否	
车辆是否正常切换档位			□是 □否	

8. 作业场地恢复

拆卸车内三件套			□是 □否	
拆卸翼子板布			□是 □否	
将高压警示牌等放至原位置			□是 □否	
清洁、整理场地			□是 □否	

【课证融通考评单】交流充电系统数据采集与分析		实习日期：	
姓名：	班级：	学号：	教师签名：
自评：□熟练 □不熟练	互评：□熟练 □不熟练	师评：□合格 □不合格	
日期：	日期：	日期：	

评分项目	评分细项	配分	扣分		
			自评	互评	师评
前期准备	正确使用个人防护装备：设置安全护栏，放置警告标识牌，选择正确的绝缘手套（确认外观、绝缘等级、有无漏气），使用护目镜、车内三件套、车外三件套	3			
	填写车辆信息（未记录齐全且正确不得分）	2			
安全检查与仪器连接	完全降下驾驶人侧车窗玻璃	1			
	检查确认电子驻车制动器和档位	1			
	使用手电筒检查制动液液位、电机（蓄电池）冷却液液位、暖风水加热补偿水桶液位，且进行液位判断	2			
	检查高压组件外观是否变形、有油液泄露	2			
	检查高、低压线束或插接件是否松动（佩戴绝缘手套等防护用品，如未佩戴，裁判提醒佩戴并扣分）	2			
	测量并记录低压电源系统电压（静态和上电后），需请示上电（起动）	3			
	检查充电插座（直流、交流）接口处是否有异物、烧蚀，充电插座照明灯是否亮（佩戴绝缘手套等防护用品，如未佩戴，裁判提醒佩戴并扣分）	2			
	打开起动开关检查高压起动指示灯并记录仪表信息，需请示上电（起动）；记录SOC	2			
	关闭起动开关连接诊断仪	1			
数据采集与分析	正确查询交流充电系统的维修手册（或电路图）	6			
	绘制控制原理简图（要能体现出后面检测对象的关系、名称、插头与模块编号、针脚号等信息）	11			
数据测量	选择正确的测量仪表：确认表和表笔为CATIII（本项如果错误，数据记录均不得分）	3			
	使用正确的测量仪表档位：电压测量选择电压档，绝缘测量选择1000V绝缘等级，等电位测量选择电阻档（0.01Ω的精度）	2			
	对部件或电路进行测试/测量（注明插件代码和编号，控制单元针脚代号）	5			
	记录测试的条件、使用设备、测量/测试结果（数值）	15			
	进行标准描述并对测量/测试结论进行判断	9			
	表针头短接和触碰任何非目标测量金属部件，均不得分	2			
	采集相关的部件或电路的波形（注明正表笔连接元件端口编号及针脚号，负表笔连接部位，每格电压和每格时间值），且采集/记录正确	10			

（续）

评分项目	评分细项	配分	扣分		
			自评	互评	师评
5S	测量前，断开低压插接器插头（需断开辅助蓄电池负极连接且需先关闭点火开关至少5s）	2			
	拆装高压组件（如动力蓄电池母线）（需执行高压作业断电流程：关闭点火开关至少5s→断开动力蓄电池负极连接→断开分线盒直流母线/或维修开关→对高压检测点进行live-dead-live测试验电）并做安全防护（包裹绝缘胶带或用绝缘保护套防护）	5			
	工具零件落地、摆放凌乱或放置在没有防护的车辆、举升台上的，均不得分	2			
	系统上高压电前，复检高、低压插接器连接状态等安全检查	2			
	正确安装辅助蓄电池负极至固定力矩（现场作业调整为预紧即可）	1			
收拾工位	移除翼子板护套、转向盘护套、座椅护套、脚垫、高压安全警示标识等	2			
	整理工作场地，清洁所有部件和工具	2			
	总得分				
	平均分				

任务二　交流充电系统的故障诊断与排除

【学习目标】

知识目标：

1）掌握交流充电系统的常见故障码。

2）掌握交流充电系统的故障码分析。

3）掌握交流充电系统的数据流分析。

技能目标：

1）具有判断交流充电系统的故障类型的能力。

2）具有判断交流充电系统的异常数据的能力。

3）具有对交流充电系统故障进行诊断与排除的能力。

素养目标：

1）能够在工作过程中与小组其他成员合作、交流，养成团队合作意识，锻炼沟通能力。

2）养成认识问题、分析问题和解决问题的能力。

3）养成 7S 管理的工作习惯。

【任务描述】

一辆吉利 EV450 纯电动汽车可以正常高压上电，仪表无故障信息显示，使用充电设备进行交流充电，充电插头插入车辆后，充电设备电源指示灯正常亮，车辆仪表无充电指示灯、充电连接指示灯显示，车辆充电插座白色照明指示灯一直亮，没有变为绿色的充电状态指示灯，车辆不能充电。

【获取信息】

一、交流充电系统故障码分析

1. 车载充电机主要故障码

汽车一般都具有自诊断功能，读取故障码可以缩小故障范围。想要知道故障码表示的故障，就需要学习故障码的定义和生成的条件。如果没有故障码，就需要根据故障现象以及故障可能产生的原因进行检修。

连接故障诊断仪，将起动开关置于 ON 档，读取车载充电机故障码和数据流，进一步确认或缩小故障范围。车载充电机主要故障码见表 4-8。

表 4-8 车载充电机主要故障码

序号	故障码	说明
1	U300616	控制器供电电压低
2	P1A8403	CP 在充电机的内部测试点占空比异常
3	P1A841C	CP 在充电机的内部 6V 测试点电压异常（S2 关闭以后）
4	P1A851C	CP 在充电机的内部 9V 测试点电压异常（S2 关闭以前）
5	P1A8698	温度过高关机
6	P1A8806	自检故障
7	P1A8998	热敏电阻失效故障
8	U300617	控制器供电电压高
9	P1A8811	充电机输出短路故障

（1）P1A841C、P1A851C 的定义　充电设备正常工作时，车载充电机自检无故障，车载充电机将检测 CP 的幅值和内部储存幅值进行对比分析，如果不符合的时间持续过长，会产生故障码 P1A841C、P1A851C。

（2）P1A8403 的定义　充电设备正常工作，车载充电机自检无故障，车载充电机将检测 CP 的频率和储存的数据进行对比分析，如果不符合的时间持续过长，会产生故障码 P1A8403。

（3）U300616、P1A8698、P1A8806、P1A8998、U300617、P1A8811 的定义　在充电插头已经插入充电座，车载充电机检测到 CC 信号后，开始进行自检操作，包括模块的温度、电压、输入、输出，如果有和储存信息不符的，将报对应的故障码。

需要说明的是连接故障诊断仪，读取故障码，实测过程中可能会遇到以下 A、B 两种情况：

A 情况：故障诊断仪可以正常和车载充电机通信。

1）系统没有故障码，这种情况下只能根据故障现象，按照无故障码的诊断方法进行诊断。

2）故障诊断仪可以正常和车载充电机通信，并可以读取到系统中所存储的故障码，此时应结合故障码信息进行维修。

B 情况：故障诊断仪不能正常和车载充电机通信。

此时无法读取系统中所存储的故障码，应操作故障诊断仪和其他控制模块进行通信，缩小故障范围。

2. 交流充电系统不常见的故障码

交流充电系统不常见的故障码见表 4-9。如果读取到该故障码，可参考表中建议的排除方法查找故障点。

表 4-9　交流充电系统不常见的故障码

故障码	故障描述 / 条件	故障部位 / 排除方法
U111587	与车载充电机丢失通信	动力蓄电池包外部（检测动力蓄电池包与车载充电机通信）
P1537-22	预充电流过大	动力蓄电池包内部（检查预充电阻是否装小）
P1537-29	预充电流反向	动力蓄电池包外部（继电器外侧电压异常）
P1537-63	预充时间过长	动力蓄电池包外部（继电器外部带负载）
P1537-1E	预充短路	动力蓄电池包外部（继电器外部有短路）
P1537-63	连续预充失败超过最大次数	动力蓄电池包外部（继电器外部带负载）
P1581-07	放电预充继电器无法闭合故障	动力蓄电池包内部（排查预充继电器）
P1585-19	充电过流 1 级	动力蓄电池包外部（检查整车电流）
P1586-19	充电过流 2 级	动力蓄电池包外部（检查整车电流）
P1587-19	充电过流 3 级	动力蓄电池包外部（检查整车电流）
P159-13	高压回路断路	动力蓄电池包内 / 外部（先更换 MSD 熔丝，如果还报该故障，则检查高压回路哪里断路）
P1591-13	电芯电压采样线掉线	动力蓄电池包内部（检测 CSC 采样掉线）
P1591-8F	均衡停止原因：CMCPCB 板载温度过高	动力蓄电池包内部（需要分析 PCB 板过温原因）
P1592-98	蓄电池过温 3 级	动力蓄电池包内部（等待动力蓄电池降温）
P1593-21	蓄电池低温 3 级	动力蓄电池包内部（等待动力蓄电池升温）

（续）

故障码	故障描述/条件	故障部位/排除方法
P159A-01	充电插座温度传感器故障	动力蓄电池包外部（需排查极柱温度传感器）
P159B-22	充电插座过温	动力蓄电池包外部（需排查极柱温度）
P159E-01	充电故障：车载充电机故障	动力蓄电池包外部（检测车载充电机）
P15D2-94	整车非期望的整车停止充电	动力蓄电池包外部（需排查整车控制器逻辑）
P15D3-83	充电机与 BMS 功率不匹配故障	动力蓄电池包外部（核实充电桩充电电压范围和 Pack 电压范围是否匹配）
P15D4-94	整车控制器在 BMS 发生 3 级故障	动力蓄电池包外部（需排查整车控制器信号）
P15D5-19	充电时放电电流大于 40A	动力蓄电池包外部（外部负载过大，下电减小负载正常后再上电）
P15D967	预充后未收到 IPU 预充完成	动力蓄电池包外部（检测动力蓄电池包与整车控制器通信）

二、车载充电机主要数据流

车载充电机数据流是储存在车载充电机模块内的工作参数，主要数据流见表 4-10。数据流真实地反映了传感器和执行器的工作情况，维修人员可以通过故障诊断仪读取数据流，实时了解车载充电机的工作状态，对于异常数据进行有针对性的检修，可极大地缩小排查故障的范围。

表 4-10　车载充电机主要数据流

序号	DID 描述	正常范围	单位
1	ECU Power Voltage（ECU 电压）	9~16	V
2	Occurrence Counter（故障发生计数器）	0~255	time
3	The Odometer Of First Malfunction（第一次发生故障时汽车里程）	/	km
4	The Odometer Of Last Malfunction（最后一次发生故障时汽车里程）	/	km
5	Charger handle detected（CC 检测）	/	/
6	Pilot control signal detected（CP 检测）	/	/
7	Locking motor status（电子锁马达状态）	/	/
8	Actual input current from AC Grid（电网输入电流）	0~16	A
9	Actual input voltage from AC Grid（电网输入电压）	0~264	V
10	Actual output current from charger（充电机输出电流）	0~12	A
11	Actual output voltage from charger（充电机输出电压）	0~420	V
12	CP voltage（引导电路电压）	0~16	V
13	CP duty（引导电路占空比）	0~100	%
14	CP Frequency（引导电路周期）	0~1050	Hz

项目四　充电系统的故障检修

交流充电系统的故障诊断与排除	学习任务单	班级：
		姓名：

1. 查询维修手册，填写故障码说明。

序号	故障码	说明
1	U300616	
2	P1A8403	
3	P1A841C	
4	P1A851C	
5	P1A8538	
6	P1A8698	
7	P1A8806	
8	P1A8898	
9	P1A8998	
10	P1A881C	
11	U300617	
12	P1A8811	

2. 查询维修手册，根据故障码填写故障描述和故障部位。

故障码	故障描述/条件	故障部位/排除方法
U111587		
P159A-01		
P159B-22		
P159E-01		

【任务实施】 交流充电系统的故障诊断与排除

实训器材

吉利 EV450 纯电动汽车、故障诊断仪、示波器、万用表、常用工具和维修手册等。

作业准备

检查举升机；将车辆在工位停放周正；铺好车内和车外护套。

【注意事项】

1）使用万用表检测前，要先选择正确的档位。
2）注意在操作过程中保护好自身安全。

扫一扫

交流充电系统的故障诊断与排除（任务实施）

【操作步骤】

序号	操作示意图	操作方法	标准
1		将起动开关置于OFF档，使用充电设备进行交流充电，观察充电指示灯、充电连接指示灯显示，观察车辆充电插座指示灯	充电插头插入车辆后，充电状态指示灯变为绿色
2		打开起动开关，观察仪表上的动力蓄电池SOC指示条	仪表上的动力蓄电池SOC指示条闪动
3		根据故障现象拆画电路图进行故障分析：车辆充电功能异常，放电功能正常，一般需要检查CC信号、CP信号、车载充电机、更换充电桩验证等	各模块供电、搭铁、信号都能正常工作
4		连接故障诊断仪	故障诊断仪连接成功

项目四　充电系统的故障检修

（续）

序号	操作示意图	操作方法	标准
5	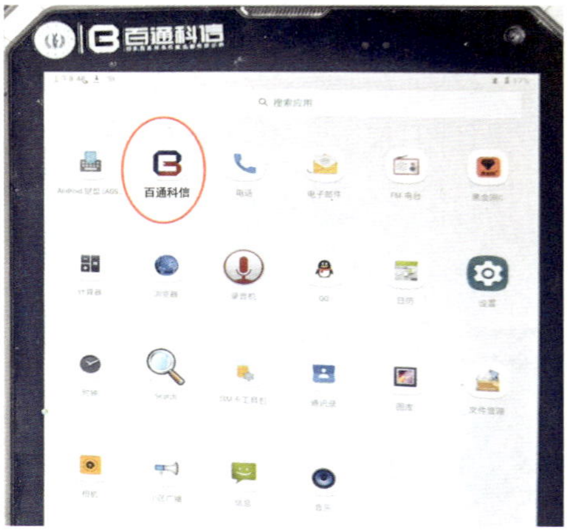	双击故障诊断软件	进入软件
6	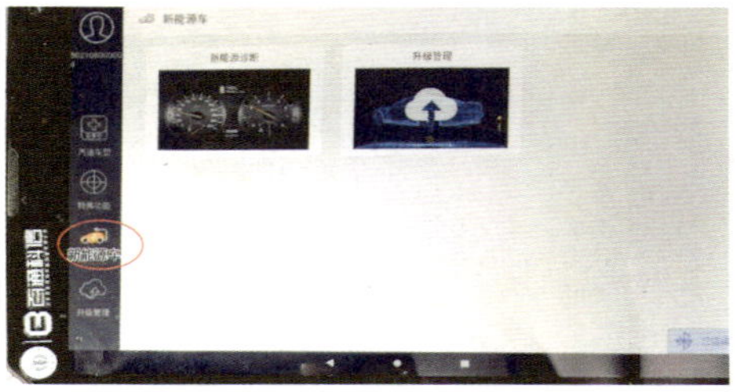	选择对应车辆的目录	选择新能源汽车
7	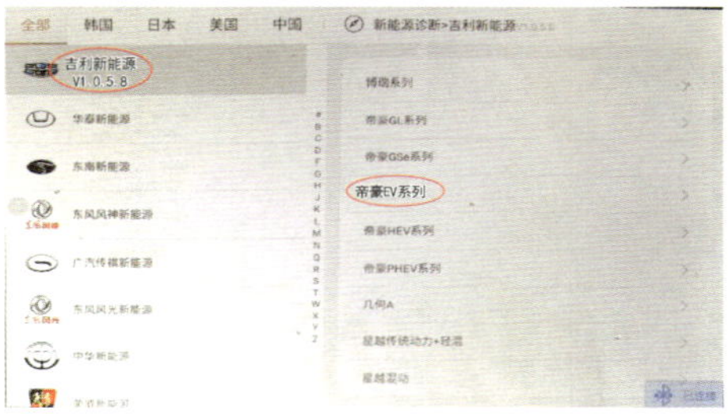	选择对应的车辆品牌	选择帝豪EV系列
8	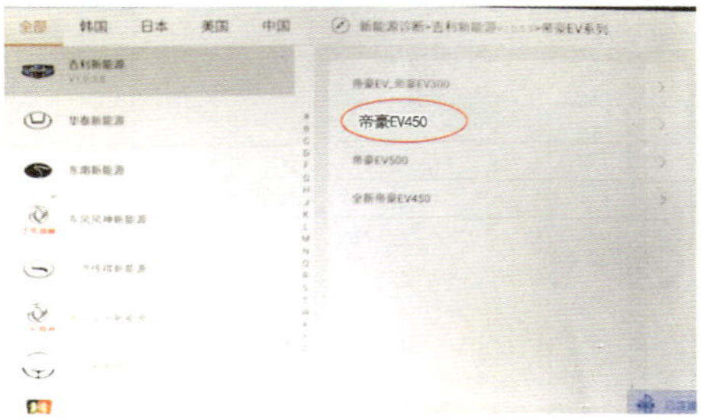	选择对应的车辆	选择帝豪EV450
9	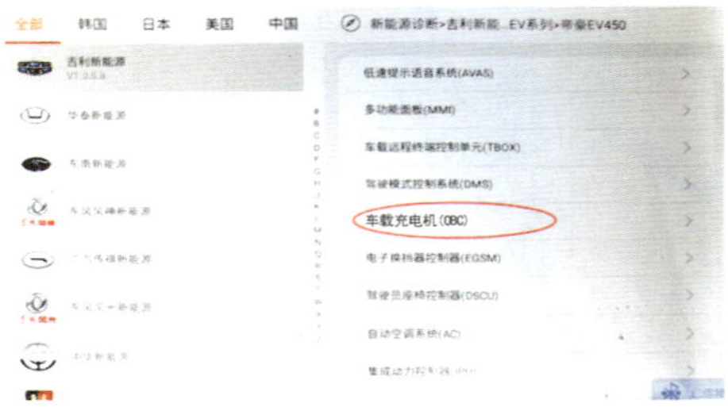	进入交流充电系统相关控制单元	进入车载充电机控制单元

153

（续）

序号	操作示意图	操作方法	标准
10		读取故障码	无故障码
11		清除故障码并重新读取故障码	无故障码
12		读取数据流	见表4-8
13		测量交流充电插头的端子CC与PE间的电阻值（松开锁止装置）	1.49kΩ左右

项目四　充电系统的故障检修

（续）

序号	操作示意图	操作方法	标准
14	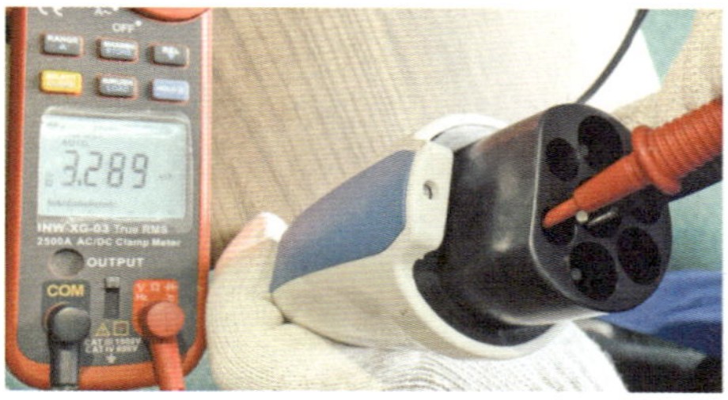	测量交流充电插头的端子 CC 与 PE 间的电阻值（按下锁止装置）	3.30kΩ 左右
15		测量车载充电机低压线束插接器 BV10 端子 39 对地电压（不插枪）	10.24V 左右
16		测量车载充电机低压线束插接器 BV10 端子 39 对地电压（插枪后，按住锁止开关）	1.71V 左右
17	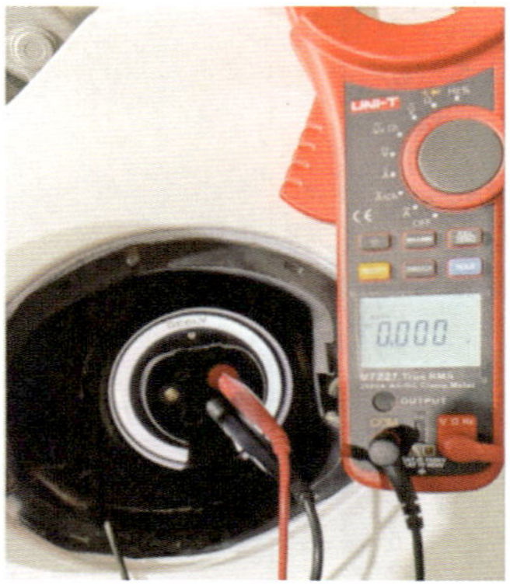	测量车辆交流充电插座端子 CC 对地电压	10.24V 左右
18	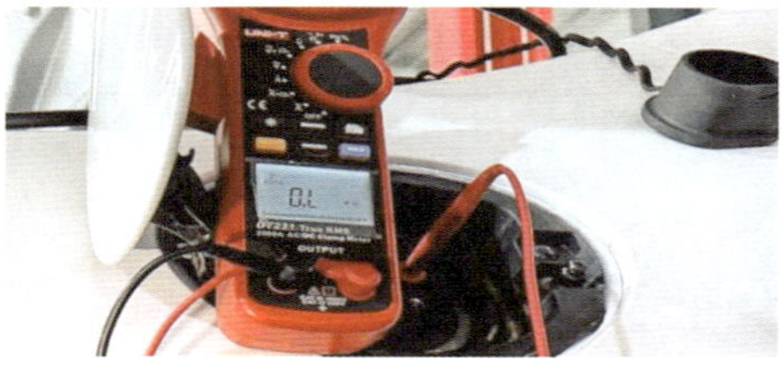	测量车辆交流充电插座端子 CC 至车载充电机低压线束插接器 BV10 端子 39 之间的导通性	<1Ω

155

（续）

序号	操作示意图	操作方法	标准
19		测量车辆交流充电插座端子 CC 至低压线束插接器 BV25 端子 8 之间的导通性	<1Ω
20		故障修复后，插上慢充枪充电	仪表盘显示正常

【头脑风暴】

请同学们思考一下，如果是以下故障现象，可能的故障原因有哪些？

故障现象	图片	故障原因
车辆插枪正常充电操作，仪表只显示插枪信号	应重点检查 CP 信号	
车辆插枪正常充电操作，仪表显示充电完成	重点检查 CP 信号、车载充电机	
车辆充电显示充电电流为 0A，放电功能正常	重点检查车载充电机	

1. 在测量信号时，应在任务工单上标清检测条件，并给出测量值是异常还是正常的

判断结果。

2. 无法交流充电故障的参考故障点见下表。

故障点	故障描述	故障机理分析
CP 信号失效	充电连接指示灯亮，但充电指示灯不亮，充电插座绿色指示灯不亮。打开起动开关，仪表系统故障灯亮，SOC 显示条不闪动	CP 信号故障，导致车辆和充电设备无法完成充电导引程序，车辆不能进行充电
车载充电机 PCAN 总线故障	充电插头插入充电插座后，枪上的电子锁不动作，充电插座指示灯为白色。仪表上的充电连接指示灯和充电指示灯均不亮。打开起动开关，高压上电，"Ready"灯亮，SOC 显示正常，但系统故障指示灯亮	车载充电机的 PCAN 出现故障，导致无法通信，整车控制器认为车载充电机存在故障，不允许充电

交流充电系统的故障诊断与排除	工作任务单	班级：
		姓名：

1. 车辆信息记录

品牌		整车型号		生产日期	
驱动电机型号		动力蓄电池电量		行驶里程	
车辆识别代号					

2. 作业场地准备

检查、设置隔离栏	□是 □否
检查、设置安全警示牌	□是 □否
检查灭火器压力、有效期	□是 □否
安装车辆挡块	□是 □否

3. 记录故障现象

4. 使用故障诊断仪读取故障码、数据流

故障码	□无 DTC □有 DTC：
数据流	

5. 画交流充电系统电路简图

(续)

6. 故障检测				
检测对象	检测条件	标准值	测量值	结果判断
测量交流充电插头的端子CC与PE之间的电阻值	松开锁止装置	1.49kΩ 左右		
测量交流充电插头的端子CC与PE之间的电阻值	按下锁止装置	3.30kΩ 左右		
测量车载充电机低压线束插接器BV10端子39对地电压	不插枪	10.24V 左右		
测量车载充电机低压线束插接器BV10端子39对地电压	插枪后，按住锁止开关	1.71V 左右		
测量车辆交流充电插座端子CC对地电压	起动开关置于OFF档	10.24V 左右		
测量车辆交流充电插座端子CC至车载充电机低压线束插接器BV10端子39之间的导通性	起动开关置于OFF档	<1Ω		
测量车辆交流充电插座端子CC至低压线束插接器BV25端子8之间的导通性	起动开关置于OFF档	<1Ω		

7. 故障确认		
故障点	故障类型	维修措施

8. 竣工检验	
车辆是否正常上电	□是 □否
车辆是否正常切换档位	□是 □否

9. 作业场地恢复	
拆卸车内三件套	□是 □否
拆卸翼子板布	□是 □否
将高压警示牌等放至原位置	□是 □否
清洁、整理场地	□是 □否

项目四 充电系统的故障检修

【课证融通考评单】 交流充电系统的故障诊断与排除		实习日期：		
姓名：	班级：	学号：		教师签名：
自评：□熟练 □不熟练	互评：□熟练 □不熟练	师评：□合格 □不合格		
日期：	日期：	日期：		

评分项目	评分细项	配分	扣分		
			自评	互评	师评
前期准备	正确使用个人防护装备：设置安全护栏，放置警告标识牌，选择正确的绝缘手套（确认外观、绝缘等级、有无漏气），使用护目镜、车内三件套、车外三件套	3			
	填写车辆信息（未记录齐全且正确本项不得分）	2			
安全检查与仪器连接	完全降下驾驶人侧车窗玻璃	1			
	检查确认电子驻车制动器和档位	1			
	使用手电筒检查制动液液位、电机（蓄电池）冷却液液位、暖风水加热补偿水桶液位，且进行液位判断	2			
	检查高压组件外观是否变形、有油液泄露	2			
	检查高、低压线束或插接件是否松动（佩戴绝缘手套等防护用品，如未佩戴，扣分）	2			
	测量并记录低压电源系统电压（静态和上电后），需请示上电（起动）	3			
	检查充电插座（直流、交流）接口处是否有异物、烧蚀，充电插座照明灯是否亮（佩戴绝缘手套等防护用品，如未佩戴，裁判提醒佩戴并扣分）	2			
	打开起动开关检查高压起动指示灯并记录仪表信息，需请示上电（起动）；记录SOC	2			
	关闭起动开关连接诊断仪	1			
数据采集与分析	使用诊断仪读取故障码、清除故障码，再次读取故障码并做好记录	2			
	正确读取交流充电系统并记录相关数据流	5			
	正确查询交流充电系统的维修手册（或电路图）	1			
	绘制控制原理简图（要能体现出后面检测对象的关系、名称、插头与模块编号、针脚号等信息）	10			
	根据控制原理、电路图及采集的数据进行分析判断，计划测试的范围，确定测试突破点	5			

（续）

评分项目	评分细项	配分	扣分 自评	扣分 互评	扣分 师评
数据测量	选择正确的测量仪表：确认表和表笔为 CATIII（本项如果错误，数据记录均不得分）	3			
	使用正确的测量仪表档位：电压测量选择电压档，绝缘测量选择 1000V 绝缘等级，等电位测量选择电阻档（0.01Ω 的精度）	2			
	对被怀疑的部件或电路进行测试/测量（注明插件代码和编号，控制单元针脚代号）	3			
	记录测试的条件、使用设备、测量/测试结果	5			
	进行标准描述并对测量/测试结论进行判断	5			
	表针头短接和触碰任何非目标测量金属部件，均不得分	2			
	采集故障相关的部件或电路的波形（注明正表笔连接元件端口编号及针脚号，负表笔连接部位，每格电压和每格时间值），且采集/记录正确	10			
故障类型与维修方案	填写最小故障范围并在电路图上指出故障点或电路范围	4			
	判断故障类型并进行记录	3			
	根据上述的所有检测结果，确定维修方案	3			
5S	测量前，断开低压插接器插头（需断开蓄电池负极连接且需先关闭点火开关至少 5s）	2			
	拆装高压组件（如蓄电池母线）（需执行高压作业断电流程：关闭点火开关至少 5s→断开蓄电池负极连接→断开分线盒直流母线/或维修开关→对高压检测点进行 live-dead-live 测试验电）并做安全防护（包裹绝缘胶带或用绝缘保护套防护）	5			
	工具零件落地、摆放凌乱或放置在没有防护的车辆、举升台上的，均不得分	2			
	系统上高压电前，复检高、低压插接器连接状态等安全检查	2			
	正确安装辅助蓄电池负极至固定力矩（现场作业调整为预紧即可）	1			
收拾工位	移除翼子板护套、转向盘护套、座椅护套、脚垫、高压安全警示标识等	2			
	整理工作场地，清洁所有部件和工具	2			
	总得分				
	平均分				

学习情境二

直流充电系统的故障检修

直流充电时间短,由大功率非车载充电机直接输出高压直流给车辆蓄电池充电。市面上的快充桩功率从30kW到超过100kW不等,一般充电时间从十几分钟到2小时不等。

随着直流充电技术的发展,会有新的技术不断出现,电动汽车直流充电会变得越来越快,越来越方便,为电动汽车的便利性提供有力保障。直流充电由于布置点较多,目前故障报修率很高。

任务一 直流充电系统的数据采集与分析

【学习目标】

知识目标:
1)掌握直流充电系统的整车控制策略。
2)掌握直流充电系统的数据标准值和分析方法。

技能目标:
1)具有熟练使用电路图和维修手册,分析电路图和引脚定义的能力。
2)具有正确采集直流充电系统数据的能力。
3)具有对数据进行判断和分析的能力。

扫一扫

直流充电系统的数据采集与分析

素养目标：

1）能够在工作过程中与小组其他成员合作、交流，养成团队合作意识，锻炼沟通能力。
2）养成认识问题、分析问题和解决问题的能力。
3）养成 7S 管理的工作习惯。

【任务描述】

一辆吉利 EV450 纯电动汽车用户反映：车辆可以正常进行高压上电，但将直流充电插头正常插入车辆充电插座后，仪表无充电显示，车辆不能进行正常充电。技术总监以此故障为例要求维修技师对直流充电系统进行数据采集与分析并查找可能的异常数据。

【获取信息】

一、直充电系统控制策略

直流充电系统主要由直流充电桩、直流充电插头、直流充电插座（带充电电缆）、动力蓄电池、辅助蓄电池以及各种充电电缆和低压控制线束等组成。吉利 EV450 纯电动汽车直流充电系统结构如图 4-6 所示。

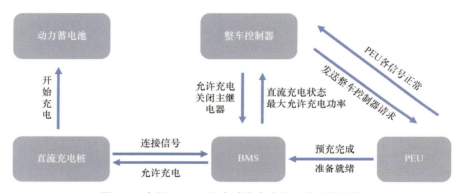

图 4-6 吉利 EV450 纯电动汽车直流充电系统结构

吉利 EV450 纯电动汽车在直流充电过程中，直流充电桩中的非车载充电机通过 CC1、CC2 信号确认充电枪与车身连接，BMS 确认连接后，与整车控制器通信，发送蓄电池最高允许充电电压、最高允许充电电流等参数信息，整车控制器向 PEU 发送电机控制器禁止起动命令。高压系统通过 DC/DC 转换器进行低压供电，动力蓄电池温度、SOC 值、故障信息、单体蓄电池信息等进行自检，同时对主正、主负、预充继电器进行粘连检测。自检完成没有异常后，BMS 向非车载充电机发送充电指令并闭合主继电器，直流充电桩对动力蓄电池开始充电。

二、直流充电系统电路图分析

直流充电系统中有可能发生各种故障，直流充电的电压非常高，不当的处理方式会给企业和个人造成损失。而正确的诊断及处理方式不能来自于主观猜测，应该建立在获取相关信息的基础上，结合直流充电系统结构、工作原理以及电路图和维修手册等进行分析后，按照合理的步骤进行诊断与排除。BMS、直流充电插座电路图如图 4-7 所示。

项目四　充电系统的故障检修

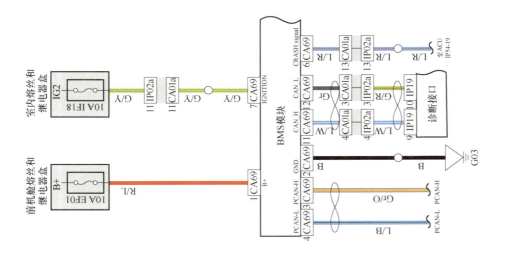

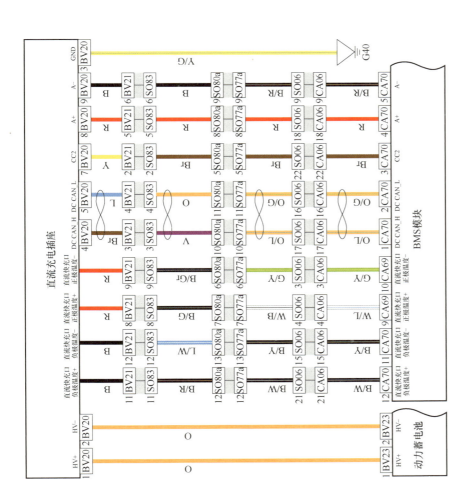

图 4-7　BMS、直流充电插座电路图

从电路图可看出，CA69/7 和 CA69/1 是 BMS 的电源端子，由 IF18 和 EF01 熔丝供电；CA69/2 是 BMS 的接地端子；CA70/1 和 CA70/2 分别是 DC CAN-H 端子与 DC CAN-L 端子；CC2 信号通过直流充电插座端子 BV20/7 与 BMS 的端子 CA70/3 之间的线束进行传递。电路图中的其他端子连接可参考后面的端子定义，不在此赘述。

三、直流充电系统插接器端子定义

1. 直流充电插座（BV20）

直流充电插座（BV20）如图 4-8 所示，其端子定义见表 4-11。

表 4-11 直流充电插座插接器端子定义

端子号	端子定义	颜色
1	高压正极	O
2	高压负极	O
3	保护接地	Y/G
4	快充 CAN-H	Br
5	快充 CAN-L	L
6	CC1 信号	Y
7	CC2 信号	Y
8	快充唤醒信号	R
9	快充唤醒接地	B

2. 动力蓄电池低压线束插接器 2（CA70）

动力蓄电池低压线束插接器 2（CA70）如图 4-9 所示，其端子定义见表 4-12。

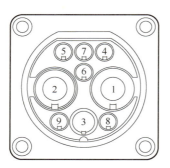

图 4-8 直流充电插座（BV20）

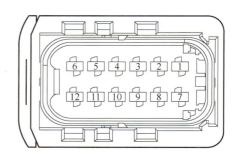

图 4-9 动力蓄电池低压线束插接器 2（CA70）

表 4-12 动力蓄电池低压线束插接器 2 端子定义

端子号	端子定义	颜色
1	快充 CAN-H	O/L
2	快充 CAN-L	O/G

(续)

端子号	端子定义	颜色
3	快充 CC2 信号	Br
4	快充唤醒信号	R
5	快充唤醒接地	B/R
11	快充插座正极柱温度 +	B/Y
12	快充插座正极柱温度 –	B/W

3. 直流低压线束插接器（BV21）

直流低压线束插接器（BV21）如图 4-10 所示，其端子定义见表 4-13。

表 4-13 直流低压线束插接器端子定义

端子号	端子定义	颜色
2	CC2 信号	Y
3	快充 CAN-H	Br
4	快充 CAN-L	L
5	快充唤醒信号	R
6	快充唤醒接地	B
8	温度信号 1+	R
9	温度信号 1–	B
11	温度信号 2+	R
12	温度信号 2–	B

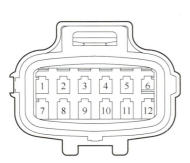

图 4-10 直流低压线束插接器（BV21）

四、直流充电系统的数据标准值采集

1. 直流充电插座端子 CC1 到 PE 的电阻值测量

通过测量直流充电插座端子 CC1 到 PE 的电阻值（标准值见表 4-14），判断直流充电插头端子 CC1 到 PE 是否正常。

表 4-14 直流充电插座端子 CC1 到 PE 的电阻标准值

测量对象	测量条件	标准值
直流充电插座端子 CC1 到 PE 的电阻值	起动开关置于 OFF 档	1000Ω 左右

2. BMS 模块 DC CAN 信号波形采集

BMS 模块 DC CAN 信号波形采集见表 4-15。

表 4-15　BMS 模块 DC CAN 信号波形采集

测量对象	测试条件	标准值
DC CAN-L：动力蓄电池低压线束插接器 CA70 端子 2 对地电压波形	正常充电	
DC CAN-H：动力蓄电池低压线束插接器 CA70 端子 1 对地电压波形	正常充电	

3. BMS 模块到直流充电插座的线束导通性测量

线束断路、短路、虚接等是直流充电系统的常见故障，BMS 模块到直流充电插座的线束导通性测量见表 4-16。

表 4-16　BMS 模块到直流充电插座的线束导通性测量

测量对象	测试条件	标准值
直流充电插座 BV20 端子 4 到动力蓄电池低压线束插接器 CA70 端子 1 之间线束的电阻值	起动开关置于 OFF 档	<1Ω
直流充电插座 BV20 端子 5 到动力蓄电池低压线束插接器 CA70 端子 2 之间线束的电阻值		
直流充电插座 BV20 端子 7 到动力蓄电池低压线束插接器 CA70 端子 3 之间线束的电阻值		
直流充电插座 BV20 端子 8 到动力蓄电池低压线束插接器 CA70 端子 4 之间线束的电阻值		
直流充电插座 BV20 端子 9 到动力蓄电池低压线束插接器 CA70 端子 5 之间线束的电阻值		

直流充电系统的数据采集与分析	学习任务单	班级：
		姓名：

1. 填写直流低压线束插接器（BV21）的端子定义和颜色。

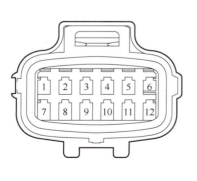

端子号	端子定义	颜色
2		
3		
4		
5		
6		
8		
9		
11		
12		

项目四 充电系统的故障检修

2. 非车载充电机控制装置通过检测 CC1 电阻值引起的电压值变化，判断充电插头和车辆插座是否已完全连接。当 CC1 的电压值为_____V 时，判断车辆接口完全连接，并将充电插头中的电子锁进行锁定，防止枪头脱落。充电桩检测车辆接口完全连接后，充电机起动握手报文，A+、A− 唤醒电源给_____供电，通过检测_____电阻值引起的电压值变化，判断车辆插座与充电插头是否已完全连接。若电压值为 6V，则充电插头已经完全连接。

【任务实施】 直流充电系统的数据采集与分析

实训器材

吉利 EV450 纯电动汽车、故障诊断仪、示波器、万用表等常用工具，电路图和维修手册等。

作业准备

检查举升机；将车辆在工位停放周正；铺好车内和车外护套。

扫一扫

直流充电系统的数据采集与分析（任务实施）

【注意事项】

1）使用万用表检测前，要先选择正确的档位。
2）注意在操作过程中保护好自身安全。

【操作步骤】

序号	操作示意图	操作方法	标准
1		测量直流充电插座端子 CC1 到 PE 的电阻值	1kΩ 左右
2		测量 BMS 模块 DC CAN 信号波形	如左图所示
3		测量直流充电插座 BV20 端子 4 到动力蓄电池低压线束插接器 CA70 端子 1 之间线束的电阻值	<1Ω
4		测量直流充电插座 BV20 端子 5 到动力蓄电池低压线束插接器 CA70 端子 2 之间线束的电阻值	<1Ω

(续)

序号	操作示意图	操作方法	标准
5		测量直流充电插座 BV20 端子 7 到动力蓄电池低压线束插接器 CA70 端子 3 之间线束的电阻值	<1Ω
6		测量直流充电插座 BV20 端子 8 到动力蓄电池低压线束插接器 CA70 端子 4 之间线束的电阻值	<1Ω
7		测量直流充电插座 BV20 端子 9 到动力蓄电池低压线束插接器 CA70 端子 5 之间线束的电阻值	<1Ω

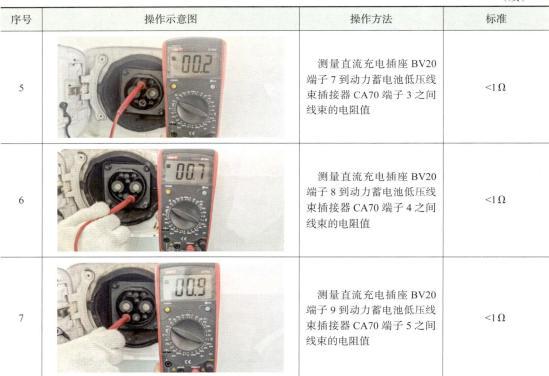

【大赛风采】

1. 连接故障诊断仪读取故障码时，由于可能存在历史故障码，使车辆进入功能保护模式，所以需要先清除故障码，再读取记录出现的故障码。

2. 大赛中，在填写工单上的"可能故障范围"时，应尽可能涵盖相关故障点并以简单的语言概括和归类。

3. 在填写工单上的"诊断步骤"时，应对检测条件、检测对象、实测值、结果判断等进行准确描述。

直流充电系统的数据采集与分析		工作任务单	班级：	
			姓名：	
1. 车辆信息记录				
品牌		整车型号		生产日期
驱动电机型号		动力蓄电池电量		行驶里程
车辆识别代号				
2. 作业场地准备				
检查、设置隔离栏				□是 □否
检查、设置安全警示牌				□是 □否
检查灭火器压力、有效期				□是 □否
安装车辆挡块				□是 □否
3. 记录故障现象				

（续）

4. 使用故障诊断仪读取故障码、数据流	
故障码	□无 DTC　□有 DTC：＿＿＿＿＿＿＿＿＿＿＿＿
数据流	

5. 画直流充电系统电路简图

6. 数据采集				
测量对象	检测条件	标准值	实测值	结果判断
直流充电插座端子 CC1 到 PE 的电阻值	起动开关置于 OFF 档	1000Ω 左右		
动力蓄电池低压线束插接器 CA70 端子 2 对地电压波形	正常充电	见表 4-15		
动力蓄电池低压线束插接器 CA70 端子 1 对地电压波形	正常充电	见表 4-15		
直流充电插座 BV20 端子 4 到动力蓄电池低压线束插接器 CA70 端子 1 之间线束的电阻值	起动开关置于 OFF 档	<1Ω		
直流充电插座 BV20 端子 5 到动力蓄电池低压线束插接器 CA70 端子 2 之间线束的电阻值	起动开关置于 OFF 档	<1Ω		
直流充电插座 BV20 端子 7 到动力蓄电池低压线束插接器 CA70 端子 3 之间线束的电阻值	起动开关置于 OFF 档	<1Ω		
直流充电插座 BV20 端子 8 到动力蓄电池低压线束插接器 CA70 端子 4 之间线束的电阻值	起动开关置于 OFF 档	<1Ω		
直流充电插座 BV20 端子 9 到动力蓄电池低压线束插接器 CA70 端子 5 之间线束的电阻值	起动开关置于 OFF 档	<1Ω		

7. 竣工检验	
车辆是否正常上电	□是　□否
车辆是否正常切换档位	□是　□否

8. 作业场地恢复	
拆卸车内三件套	□是　□否
拆卸翼子板布	□是　□否
将高压警示牌等放至原位置	□是　□否
清洁、整理场地	□是　□否

【课证融通考评单】 直流充电系统的数据采集与分析			实习日期：		
姓名：	班级：		学号：	教师签名：	
自评：□熟练 □不熟练	互评：□熟练 □不熟练		师评：□合格 □不合格		
日期：	日期：		日期：		

评分项目	评分细项	配分	扣分		
			自评	互评	师评
前期准备	正确使用个人防护装备：设置安全护栏，放置警告标识牌，选择正确的绝缘手套（确认外观、绝缘等级、有无漏气），使用护目镜、车内三件套、车外三件套	3			
	填写车辆信息（未记录齐全且正确本项不得分）	2			
安全检查与仪器连接	完全降下驾驶人侧车窗玻璃	1			
	检查确认电子驻车制动器和档位	1			
	使用手电筒检查制动液液位、电机（蓄电池）冷却液液位、暖风水加热补偿水桶液位，且进行液位判断	2			
	检查高压组件外观是否变形、有油液泄露	2			
	检查高、低压线束或插接件是否松动（佩戴绝缘手套等防护用品，如未佩戴，裁判提醒佩戴并扣分）	2			
	测量并记录低压电源系统电压（静态和上电后），需请示上电（起动）	3			
	检查充电插座（直流、交流）接口处是否有异物、烧蚀，充电插座照明灯是否亮（佩戴绝缘手套等防护用品，如未佩戴，裁判提醒佩戴并扣分）	2			
	打开起动开关检查高压起动指示灯并记录仪表信息，需请示上电（起动）；记录SOC	2			
	关闭起动开关连接诊断仪	1			
数据采集与分析	正确查询到直流充电系统的维修手册（或电路图）	6			
	绘制控制原理简图（要能体现出后面检测对象的关系、名称、插头与模块编号、针脚号等信息）	11			
数据测量	选择正确的测量仪表：确认表和表笔为CATIII（本项如果错误，数据记录均不得分）	3			
	使用正确的测量仪表档位：电压测量选择电压档，绝缘测量选择1000V绝缘等级，等电位测量选择电阻档（0.01Ω的精度）	2			
	对部件或电路进行测试/测量（注明插件代码和编号，控制单元针脚代号）	5			
	记录测试的条件、使用设备、测量/测试结果（数值）	15			
	进行标准描述并对测量/测试结论进行判断	9			
	表针头短接和触碰任何非目标测量金属部件，均不得分	2			
	采集相关的部件或电路的波形（注明正表笔连接元件端口编号及针脚号，负表笔连接部位，每格电压和每格时间值），且采集/记录正确	10			

（续）

评分项目	评分细项	配分	扣分		
			自评	互评	师评
5S	测量前，断开低压插接器插头（需断开辅助蓄电池负极连接且需先关闭点火开关至少5s）	2			
	拆装高压组件（如动力蓄电池母线）（需执行高压作业断电流程：关闭点火开关至少5s→断开动力蓄电池负极连接→断开分线盒直流母线/或维修开关→对高压检测点进行live-dead-live测试验电）并做安全防护（包裹绝缘胶带或用绝缘保护套防护）	5			
	工具零件落地、摆放凌乱或放置在没有防护的车辆、举升台上的，均不得分	2			
	系统上高压电前，复检高、低压插接器连接状态等安全检查	2			
	正确安装辅助蓄电池负极至固定力矩（现场作业调整为预紧即可）	1			
收拾工位	移除翼子板护套、转向盘护套、座椅护套、脚垫、高压安全警示标识等	2			
	整理工作场地，清洁所有部件和工具	2			
	总得分				
	平均分				

任务二　直流充电系统的故障诊断与排除

【学习目标】

知识目标：

1）掌握直流充电系统的常见故障码。

2）掌握直流充电系统的故障码分析。

3）掌握直流充电系统的数据流分析。

技能目标：

1）具有判断直流充电系统的故障类型的能力。

2）具有判断直流充电系统的异常数据的能力。

3）具有直流充电系统故障进行诊断与排除的能力。

素养目标：

1）能够在工作过程中与小组其他成员合作、交流，养成团队合作意识，锻炼沟通能力。

2）养成认识问题、分析问题和解决问题的能力。

3）养成 7S 管理的工作习惯。

【任务描述】

一辆吉利 EV450 纯电动汽车可以正常高压上电，仪表无故障信息显示，使用充电设备进行直流充电，充电插头插入车辆后，车辆仪表无充电指示灯、充电连接指示灯显示，车辆充电插座照明指示灯一直亮，车辆不能充电。

【获取信息】

一、直流充电系统故障码分析

1. BMS 模块主要故障码（表 4-17）

（1）P159D-01、P159C-00 的定义　充电设备工作时，如果充电插头松动，充电插座松动会产生故障码 P159D-01、P159C-00。

（2）P15E094、P15D2-94、P15D3-83 的定义　充电设备工作时，如果 MBSCA70 和直流充电插座线束插接器 BV20 之间的通信出现问题会报以上故障码。

表 4-17　BMS 模块主要故障码

序号	故障码	说明
1	P15E094	充电故障：快充设备异常，终止充电
2	P159D-01	充电故障：快充设备故障
3	P159C-00	快充预充失败
4	P15D2-94	整车非期望的整车停止充电
5	P15D3-83	充电机与 BMS 功率不匹配故障（无法充电）

需要说明的是连接故障诊断仪，读取故障码，如果有故障码则根据故障码提示进行检修，如果没有故障码则根据直流充电原理进行检修。

2. 直流充电系统不常见的故障码

直流充电系统不常见的故障码见表 4-18。如果读取到该故障码，可参考表中建议的排除方法查找故障点。

表 4-18　直流充电系统不常见的故障码

序号	故障码	故障描述	故障部位
1	P152D-00	动力蓄电池温差过大	动力蓄电池包内部（动力蓄电池温度异常）
2	P1580-01	直流充电继电器粘连故障	动力蓄电池包内部（排查充电正端继电器）

（续）

序号	故障码	故障描述	故障部位
3	P1580-07	直流充电继电器无法闭合故障	动力蓄电池包内部（排查充电正端继电器）
4	P158B-19	单体欠压 3 级	动力蓄电池包内部（动力蓄电池充电）
5	P158F-01	快充回路高压互锁故障	动力蓄电池包内外部（检查外部快充）
6	P1590-13	高压回路断路	动力蓄电池包内/外部（先更换 MSD 熔丝）
7	P159A-01	充电插座温度传感器故障	动力蓄电池包外部（需排查极柱温度传感器）
8	P159B-22	充电插座过温	动力蓄电池包外部（需排查极柱温度）

二、BMS 模块数据流

数据流是储存在 BMS 模块内的工作参数，数据流真实地反映了传感器和执行器的工作情况，维修人员可以通过故障诊断仪读取数据流，实时了解 BMS 的工作状态，对于异常数据进行有针对性的检修，可极大地缩小排故范围。

直流充电系统的故障诊断与排除	学习任务单	班级： 姓名：

1. 查询维修手册，填写故障码说明。

序号	故障码	说明
1	P15E094	
2	P159D-01	
3	P159C-00	
4	P15D2-94	
5	P15D3-83	

2. 查询维修手册，根据故障码填写故障描述和故障部位。

故障码	故障描述	故障部位
P152D-00		
P1580-01		
P1580-07		
P158B-19		
P158F-01		
P1590-13		
P159A-01		
P159B-22		

【任务实施】 直流充电系统的故障诊断与排除

实训器材

吉利 EV450 纯电动汽车、故障诊断仪、示波器、万用表、常用工具和维修手册等。

作业准备

检查举升机；将车辆在工位停放周正；铺好车内和车外护套。

【注意事项】

1）使用万用表检测前，要先选择正确的档位。
2）注意在操作过程中保护好自身安全。

【操作步骤】

序号	操作示意图	操作方法	标准
1		试车，交流慢充充电正常，但使用直流快充充电时，仪表上没有显示充电连接	能正常直流充电
2	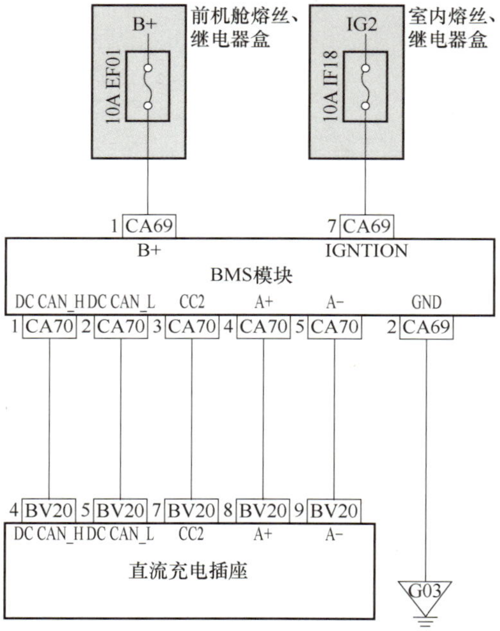	勾画电路图并进一步缩小故障范围	参考维修手册
3	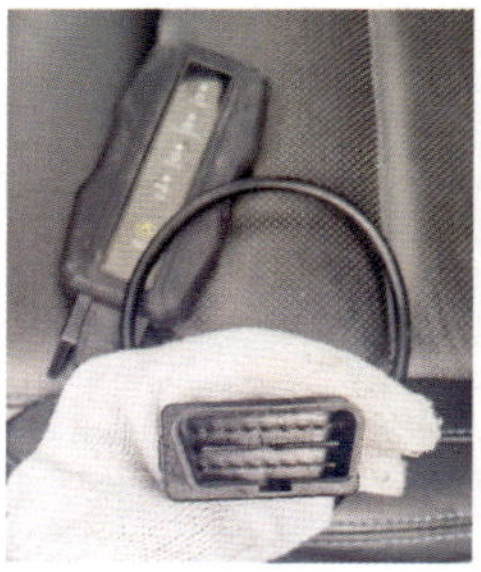 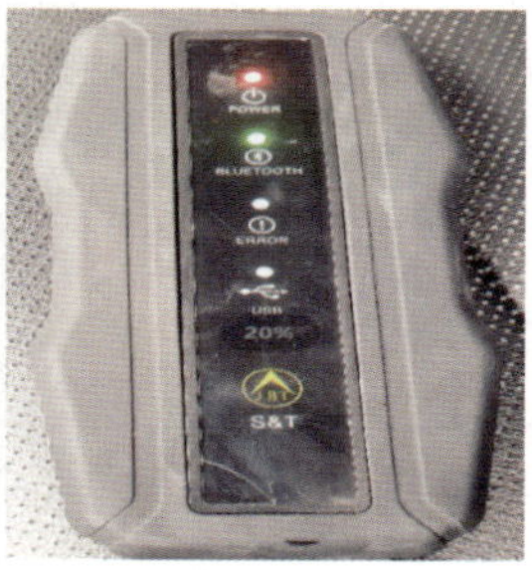	连接故障诊断仪	故障诊断仪连接成功

扫一扫

直流充电系统的故障诊断与排除（任务实施）

项目四 充电系统的故障检修

（续）

序号	操作示意图	操作方法	标准
4	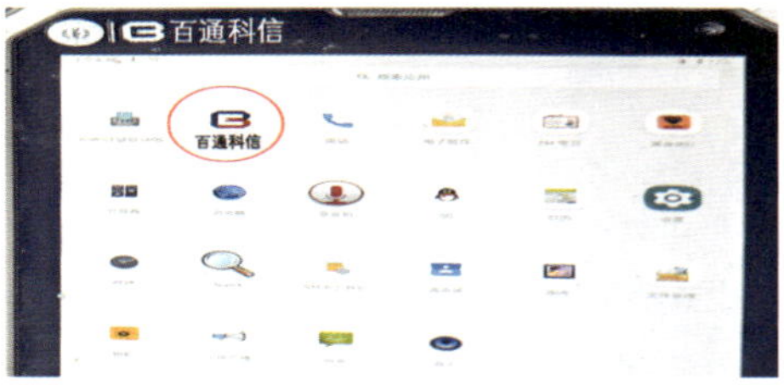	双击故障诊断软件	进入软件
5	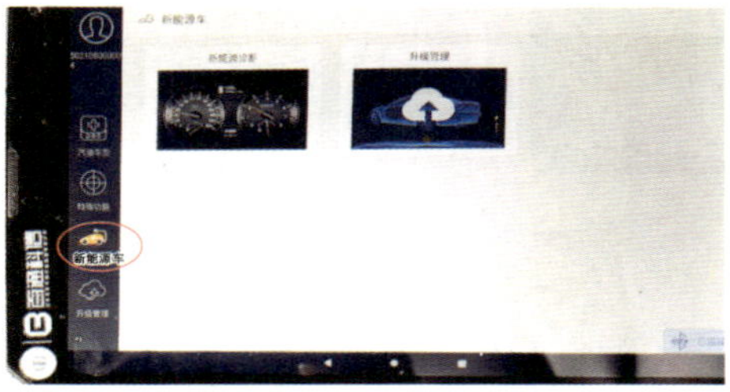	选择对应的目录	选择新能源汽车
6	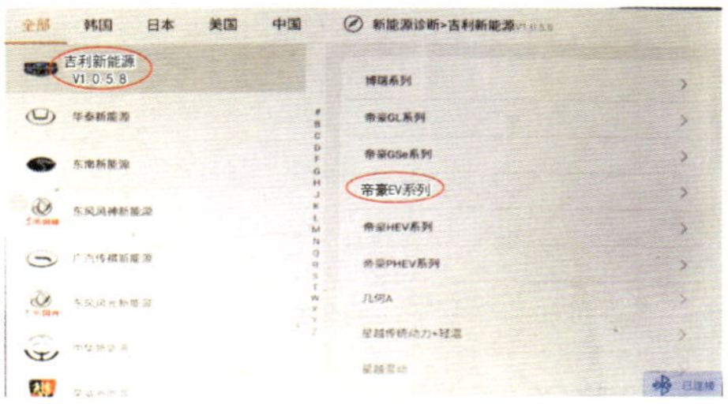	选择对应的车辆品牌	选择帝豪EV系列
7	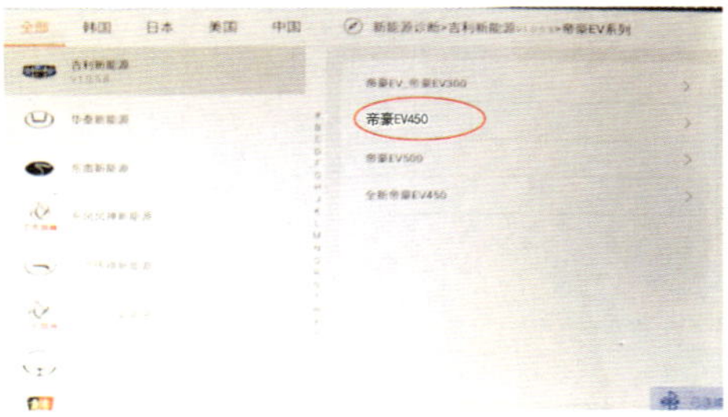	选择对应的车辆	选择帝豪EV450
8	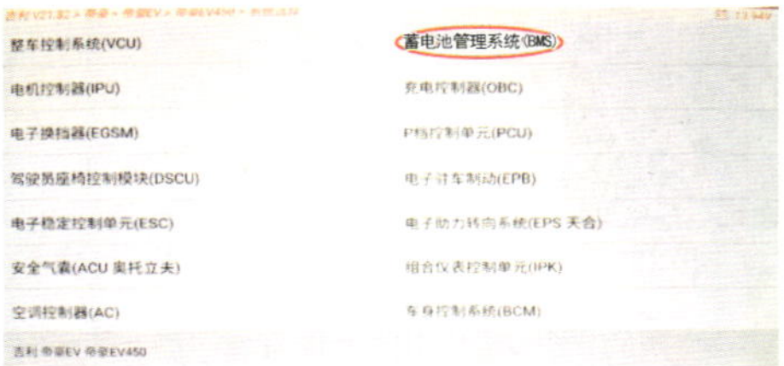	进入直流充电系统相关控制单元	进入动力蓄电池管理器控制单元
9	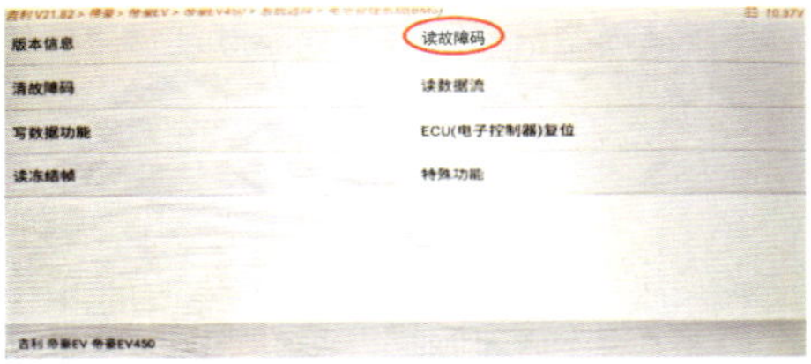	读取故障码	无故障码

(续)

序号	操作示意图	操作方法	标准
9		读取故障码	无故障码
10		清除故障码并重新读取故障码	
11		读取数据流	显示充电机数据
12		测量车辆直流充电插座端子CC2至动力蓄电池低压线束插接器CA70端子3之间的导通性	<1Ω
13		测量车辆直流充电插座端子CC2至直流低压线束插接器BV21端子2之间的导通性	
14		排除故障	直流充电恢复正常

【头脑风暴】

根据上面学习的直流充电控制策略，想一想在充电过程中，遇到哪些情况时车辆会停止充电。

当充电过程中遇以下几种情况，快充停止充电：

1）快充插座CC1有磨损、烧蚀等情况。

2）快充插座A+、A-到动力蓄电池端线束电阻值应为0Ω左右，与车身间电阻值应大于千欧。若测量结果异常，则排查线束。

3）快充插座 CC2 信号与动力蓄电池端线束电阻值应为 0Ω 左右，车辆上电，测量端子 CC2 与 PE 间电压值为 5V 左右。若测量结果异常，则排查线束。

4）快充插座快充 CAN 线 S+、S– 到动力蓄电池端线束终端电阻值应为 120Ω 左右，车辆上电，分别测量 S+、S– 与接地之间的电压值，应为 2.5~3.5V、1.5~2.5V 左右。若测量结果异常，则排查线束。

5）充电跳枪问题。

① 查看充电桩是否报相关故障码，联系充电桩售后询问相关代码定义。如计费器故障、充电桩通信故障等都可能引起跳枪。

② 用诊断仪读取 BMS 是否有故障码，根据故障码排查相关故障。

③ 用诊断仪查看 BMS 数据流，读取最高、最低单体电压以及最高单体温度，查看单体电压是否有跳变现象。单体最高截止电压应为 4.25V 左右。如单体电压突然跳变为 4.25V 左右，建议联系蓄电池售后人员进行处理。

【大赛风采】

1. 在测量信号时，应在任务工单上标清检测条件，并给出测量值是异常还是正常的判断结果。

2. 无法直流充电故障的参考故障点见下表。

故障点	故障描述	故障机理分析
CC1 信号失效	充电连接指示灯亮，但充电指示灯不亮。打开起动开关，SOC 显示条不闪动	CC1 信号故障，导致车辆和充电设备无法完成充电导引程序，车辆不能进行充电
DC CAN 总线故障	充电插头插入充电插座后，枪上的电子锁不动作，充电插座指示灯为白色。仪表上的充电连接指示灯和充电指示灯均不亮。打开起动开关，高压上电，"Ready" 灯亮，SOC 显示正常，但系统故障指示灯亮	DC CAN 出现故障，导致无法通信，整车控制器认为存在故障，不允许充电

直流充电系统的故障诊断与排除	工作任务单	班级： 姓名：

1. 车辆信息记录

品牌		整车型号		生产日期	
驱动电机型号		动力蓄电池电量		行驶里程	
车辆识别代号					

2. 作业场地准备

检查、设置隔离栏	□是　□否
检查、设置安全警示牌	□是　□否
检查灭火器压力、有效期	□是　□否
安装车辆挡块	□是　□否

3. 记录故障现象

（续）

4. 使用故障诊断仪读取故障码、数据流	
故障码	□无 DTC □有 DTC：
数据流	

5. 画直流充电系统电路简图

6. 故障检测				
检测对象	检测条件	标准值	测量值	结果判断
测量车辆直流充电插座端子 CC2 至动力蓄电池低压线束插接器 CA70 端子 3 之间的导通性	起动开关置于 OFF 档	<1Ω		
测量车辆直流充电插座端子 CC2 至直流低压线束插接器 BV21 端子 2 之间的导通性	起动开关置于 OFF 档	<1Ω		

7. 故障确认		
故障点	故障类型	维修措施

8. 竣工检验	
车辆是否正常上电	□是 □否
车辆是否正常切换档位	□是 □否

9. 作业场地恢复	
拆卸车内三件套	□是 □否
拆卸翼子板布	□是 □否
将高压警示牌等放至原位置	□是 □否
清洁、整理场地	□是 □否

项目四　充电系统的故障检修

【课证融通考评单】	直流充电系统的故障诊断与排除	实习日期：	
姓名：	班级：	学号：	教师签名：
自评：□熟练　□不熟练	互评：□熟练　□不熟练	师评：□合格　□不合格	
日期：	日期：	日期：	

评分项目	评分细项	配分	扣分		
			自评	互评	师评
前期准备	正确使用个人防护装备：设置安全护栏，放置警告标识牌，选择正确的绝缘手套（确认外观、绝缘等级、有无漏气），使用护目镜、车内三件套、车外三件套	3			
	填写车辆信息（未记录齐全且正确本项不得分）	2			
安全检查与仪器连接	完全降下驾驶人侧车窗玻璃	1			
	检查确认电子驻车制动器和档位	1			
	使用手电筒检查制动液液位、电机（蓄电池）冷却液液位、暖风水加热补偿水桶液位，且进行液位判断	2			
	检查高压组件外观是否变形、有油液泄露	2			
	检查高、低压线束或插接件是否松动（佩戴绝缘手套等防护用品，如未佩戴，裁判提醒佩戴并扣分）	2			
	测量并记录低压电源系统电压（静态和上电后），需请示上电（起动）	3			
	检查充电插座（直流、交流）接口处是否有异物、烧蚀，充电插座照明灯是否亮（佩戴绝缘手套等防护用品，如未佩戴，裁判提醒佩戴并扣分）	2			
	打开起动开关检查高压起动指示灯并记录仪表信息，需请示上电（起动）；记录 SOC	2			
	关闭起动开关连接诊断仪	1			
数据采集与分析	使用诊断仪读取故障码、清除故障码、再次读取故障码并做好记录	2			
	正确读取直流充电系统并记录相关数据流	5			
	正确查询直流充电系统的维修手册（或电路图）	1			
	绘制控制原理简图（要能体现出后面检测对象的关系、名称、插头与模块编号、针脚号等信息	10			
	根据控制原理、电路图及采集的数据进行分析判断，计划测试的范围，确定测试突破点	5			
数据测量	选择正确的测量仪表：确认表和表笔为 CATIII（本项如果错误，数据记录均不得分）	3			
	使用正确的测量仪表档位：电压测量选择电压档，绝缘测量选择 1000V 绝缘等级，等电位测量选择电阻档（0.01Ω 的精度）	2			
	对被怀疑的部件或电路进行测试/测量（注明插件代码和编号，控制单元针脚代号）	3			
	记录测试的条件、使用设备、测量/测试结果（数值）	5			

179

（续）

评分项目	评分细项	配分	扣分 自评	互评	师评
数据测量	进行标准描述并对测量/测试结论进行判断	5			
	表针头短接和触碰任何非目标测量金属部件，均不得分	2			
	采集故障相关的部件或电路的波形（注明正表笔连接元件端口编号及针脚号，负表笔连接部位，每格电压和每格时间值），且采集/记录正确	10			
故障类型与维修方案	填写最小故障范围并在电路图上指出故障点或电路范围	4			
	判断故障类型并进行记录	3			
	根据上述的所有检测结果，确定维修方案	3			
5S	测量前，断开低压插接器插头（需断开辅助蓄电池负极连接且需先关闭点火开关至少5s）	2			
	拆装高压组件（如动力蓄电池母线）（需执行高压作业断电流程：关闭点火开关至少5s→断开蓄电池负极连接→断开分线盒直流母线/或维修开关→对高压检测点进行live-dead-live测试验电）并做安全防护（包裹绝缘胶带或用绝缘保护套防护）	5			
	工具零件落地、摆放凌乱或放置在没有防护的车辆、举升台上的，均不得分	2			
	系统上高压电前，复检高、低压插接器连接状态等安全检查	2			
	正确安装辅助蓄电池负极至固定力矩（现场作业调整为预紧即可）	1			
收拾工位	移除翼子板护套、转向盘护套、座椅护套、脚垫、高压安全警示标识等	2			
	整理工作场地，清洁所有部件和工具	2			
总得分					
平均分					

参考文献

［1］吴荣辉. 新能源汽车动力电池及充电系统检修［M］. 北京：机械工业出版社，2018.
［2］刘海峰，费丽东. 新能源汽车充电设施构造与检修［M］. 北京：机械工业出版社，2020.
［3］人力资源社会保障部教材办公室. 新能源汽车充电系统检测与维修［M］. 北京：中国劳动社会保障出版社，2021.
［4］李宏伟，孙晓春等. 新能源汽车充电系统构造与检修［M］. 北京：机械工业出版社，2020.